<제목 차례>

Ⅰ.서론

1. 서론

이미 지구는 환경오염으로 인한 지구온난화와 에너지 자원의 고갈로 인한 문제점에 노출되고 있다. 이로 인해 1800년대 이후 사용 되어오던 백열등과 형광등에 대한 사용규제가 점점 높아지고 있다. 백열등이 저렴하고 연색성이 뛰어남에도 불구하고 낮은 효율성의 문제를 갖고 있다는 점과 적은 발열과 높은 효율을 갖고 있는 형광등이 납과 수은 등의 환경오염 물질을 포함하고 있는 문제점이 지적되고 있다.

이러한 문제점들을 해결하기 위해 에너지 절약형 고효율과 친환경적 기능을 지닌 신 광원 개발에 세계 각국의 다양한 연구가 진행된 결과 LED(Light Emitting Diode)와 OLED(Organic Light Emitting Diode) 같은 '고체조명'(Solid-State Lighting)이 각광을 받고 있다.

또한 조명산업의 Trend 자체가 생활조명에서 '감성조명'으로, 기술조명에서 '웰빙조명'으로의 변화를 요구하면서 소비자의 조명에 대한 욕구 또한 디자인을 중시하고 친환경 제품을 중시하는 쪽으로 변화하는 추세이다. 이러한 변화에 대응하여 미래조명산업의 중추적 역할을 담당할 수 있는 제품으로 부상한 제품이 LED 또는 OLED 조명이라 할 수 있다.

인간에게 불은 의·식·주와 관련된 필수요소로서 중요하다.

생산과 섭취 및 주거 등에 불이 수행하는 역할과 영향력은 가히 논할 수조차 없을 정도이다.

또한 조명산업은 현대사회에서의 산업의 일부분이라 할 수 있다. 그 중에서도 최근 점점 증대하고 있는 OLED를 중심으로 산업화 및 시장전망과 기술동향을 토대로 국내 기업들의 과거, 현재, 미래에 대해 살펴보고자 한다.

OLED 조명산업은 기존 조명에 IT기술과 디스플레이 기술이 융합되어 새로운 시장을 창출할 수 있는 차세대 융합 기술이다. 또한 3대 메이저 플레이어가 주도 하고 있는 글로벌 조명시장에서 국내기업이 기술을 선도하고 시장을 주도할 수 있는 새로운 산업이다.

이번 개정판에서는 OLED디스플레이 산업과 기술개발 동향 중심으로 업데이트 된 내용을 담았다. 또한 최근 OLED 관련 주식시장의 이슈와 관련주 분석 내용을 수록하였으니 참고하시길 바란다.

II .OLED기술

2. OLED 기술

가. OLED개념

OLED[1]는 Organic Light Emitting Diode의 약어로 양극과 음극 사이에 유기물을 증착 또는 용액 공정을 통해 필름을 형성, 적층하여 만들어진 다이오드형태의 소자이다. 또한 전극을 통해 전류가 흐르면 빛을 내는 전계 발광현상을 이용하여, 스스로 빛을 내는 **자체발광형 유기물질**이다.

이는 유기물 내로 전하를 주입하여 유기 발광 분자를 바닥상태(ground state)에서 들뜬상태(excited state)로 만든 후 다시 바닥상태로 돌아오면서 내놓는 에너지가 빛으로 전환되는 원리를 이용한 것이다. 이때 발광하는 소재의 에너지 크기에 따라 의 영역에 맞는 Blue, Red, Green 빛을 발광하도록 소자를 구성한다.

OLED에 대한 본격적인 연구는 1987년부터 시작되었으며, 연구 역사는 오래되지 않았다. 그럼에도 OLED는 우수한 특성과 다면적 백색 발광 형태로 제작이 될 수 있어 디스플레이뿐만 아니라, 차세대 조명으로 각광받고 있다.

OLED에 사용되는 유기물은 빛을 받으면 박막을 통하여 전류가 흐를 수 있어, 광센서, 조명, 차세대 태양전지, 트랜지스

---

1) 조남성, OLED의 현황과 전망, Polymer Science and Technology Vol. 24, No. 2

터 등으로 응용이 가능하다. 따라서 최근에는 유리나 플라스틱 등 위에 유기물을 도포해서 그것에 전기를 통하게 하면 유기물이 발광하는 OLED를 이용하여 면 조명을 비롯한 Flexible 디스플레이, 투명디스플레이 등에 활용하는 연구도 활발하게 진행되고 있다.

OLED는 유기 박막에서 빛이 생성되어 방출되기 때문에 소자 자체가 발광체가 되는 **자발광**(self-emissive)소자로서, 전기적인 신호가 빛으로 변환되는 시간이 짧고 발생된 빛은 방향성이 없고 균일하게 퍼져 나간다.

OLED를 이용하면 백라이트가 필요 없고, 시야각이 우수하며, 동영상 구현에 적합한 이상적인 형태의 디스플레이 제작이 가능하다. 전체 두께가 얇아 LCD나 PDP보다 얇은 디스플레이의 제작이 가능한 장점이 있으며, 얇은 면광원의 형태로 제작이 가능하여 최근 고체 조명용 광원으로 관심이 집중 되고 있다. 다음은 OLED의 특징을 표로 정리한 것이다.

특징	설명
간단하고 저렴한 제조공정	LCD는 약 62과정의 제조공정을 거치는데 OLED는 약 55과정의 제조공정을 거친다
넓은 시각형	화면을 보는 가능한 범위로써 LCD와는 달리 바로 옆에서 보아도 화질이 변하지 않는다

빠른 응답속도	동화상의 재생 시 응답속도의 높고 낮음이 재생 화상의 품질을 좌우하는데 OLED는 LCD보다 우수한 동화상 재생이 가능하다. 응답속도의 약 1,000배이다
자체 발광형	소자자체가 스스로 빛을 내는 것으로 어두운 곳이나 외부의 빛이 들어 올 때도 시인성이 좋다.
초박형, 낮은 전력	백라이트가 필요 없이, LCD의 ½배의 소비전력을 갖고, LCD 두께의 ⅓배가 가능하다

OLED 특징

OLED의 분류에 대해서 간략히 설명하면, 먼저 분자량에 따라 분자량이 작은 유기물질로 OLED가 구성될 경우 이를 **저분자 OLED**라 하며, 분자량이 큰 유기물인 고분자로 OLED가 구성될 경우 **고분자 OLED**라 한다. 대부분의 OLED는 저분자만을 사용하거나 고분자만을 사용하는데, 필요에 따라 저분자와 고분자를 모두 사용하여 OLED를 제작하는 경우가 있다.

OLED는 발광 방식에 따라 형광 OLED와 인광 OLED로 구분된다. OLED에 전압을 인가하면 전자와 정공이 발광 물질에서 재결합하여 여기자(exciton)라고 하는 에너지 상태가 형성되어 이로부터 빛이 발생되는데, 여기자는 단일항(singlet)과 삼중항(triplet)의 두 가지 상태로 형성될 수 있다. 단일항 여기자에 의해 빛이 발생할 경우를 **형광(fluorescence)OLED**라고 하며, 삼중항 여기자에 의해 빛이 발생할 경우 이를 **인광(phosphorescence)OLED**라고 한다.

OLED는 구동 방식에 따라 **수동구동 OLED**(PM-OLED, Passive Matrix OLED)와 **능동구동 OLED**(AM-OLED, Active Matrix OLED)로 구분된다. PM-OLED는 버스선이 교차되는 부분이 OLED화소가 되는 방식을 말하며, AM-OLED는 버스선이 교차되는 부분에 TFT(Thin Film Transistor)가 놓여 있어, TFT에 의해 OLED소자의 구동이 조절되는 방식을 말한다.

OLED는 빛이 방출되는 방향에 따라 전면발광(Top Emission), 양면발광(Double Side Emission), 배면발광(Bottom Emission)방식으로 구분된다. **전면발광** OLED는 기판의 반대 방향쪽으로 빛이 나오게 되는 경우를 말하며, **양면발광** OLED는 기판의 양쪽 방향 쪽으로 빛이 나오게 되는 경우를 말한다. **배면발광** OLED는 투명한 기판 쪽으로으로 빛이 나오게 되는 경우를 말한다.

나. OLED 구조

OLED구조는 기본적으로 음극, 양극의 전극과 유기물 그리고 기판으로 되어 있다. 전극에 전기를 가하면 양극에서 발생된 정공과 음극에서 발생된 전자가 유기물 층에서 재결합되며 이 때 생긴 에너지 갭에 해당하는 빛이 발생하게 된다.

에너지가 빛으로 바뀌는 현상은 화학시간에 배운 에너지 보존의 법칙에 의해 설명될 수 있을 것이다. 받은 만큼 돌려주는 철저한 자연현상이라고 할 수 있다.

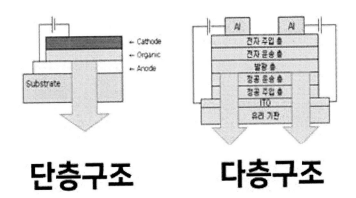

OLED 단층구조와 다층구조

유기물 층은 재료에 따라 저분자형과 고분자형으로 나뉘며 두께는 일반적으로 100mm정도이다. 유기 EL의 적층 구조는 크게 단층(single-layer)과 다층(multi-layer)으로 나눌 수 있는데 한 개의 유기층이 존재한다고 하여 **단층 구조**라 하고,

다층 구조의 유기물 층을 세부적으로 보면 정공 관련 층과 전자 관련 층 그리고 발광층의 구조를 가지며 정공 관련층은 정공 주입층과 정공 운송층으로 나뉠 수 있다. 전자 관련 층 역시 주입층과 운송층으로 나뉜 구조를 말한다. 이는 전하의 주입을 더욱 활성화시키기 위하여 가장 적절한 구조이다.

다. OLED 동작원리

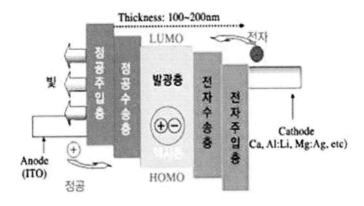

OLED 동작원리

OLED의 동작원리를 살펴보면, 먼저 전원이 공급되면 유기물인 고분자/단분자/저분자 박막에 음극에서 전자(-)가 전자수송층(ETL: Electron Transport Layer)의 도움으로 유기물질인 발광층(emitting layer)으로 이동하고, 반대편 양극에서는 정공이 정공 수송층(HTL: Hole Transport Layer)의 도움으로 발광층으로 이동하게 된다. 이 때 발광층에서 만난 전자와 정공이 재결합하면서 여기자(exciton)를 형성한 후 여기자가 낮은 에너지 상태로 떨어지면서 에너지가 방출, 특정한

파장의 빛이 발생하는 원리이다.

여기서 발광층을 구성하고 있는 유기물질이 어떤 것이냐에 따라 빛의 색깔이 달라지며 R(Red), G(Green), B(Blue)를 내는 각각의 유기물질을 이용하여 총천연색을 만들어낼 수 있다.

OLED는 저분자 또는 고분자 유기박막으로 이뤄진 기능층(발광층)에 음극과 양극을 통해 주입된 전자와 정공이 발광유기층에서 재결합에 의해 생성된 여기자가 바닥상태로 되돌아갈 때 에너지 갭에 해당되는 특정 파장의 빛을 발광하는 현상을 이용한 것이다.

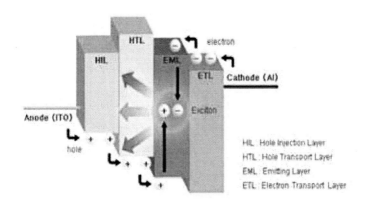

OLED 발광원리

전원이 공급되면 전자가 이동하면서 전류가 흐르게 되는데 음극에서는 전자(-)가 전자 수송층의 도움으로 발광층으로 이

동하고, 마찬가지로 양극에서는 홀이 홀 수송층의 도움으로 발광층으로 이동한다. 유기 물질인 발광층에서 만난 전자와 홀은 높은 에너지를 갖는 여기자를 생성하게 되는데, 이 때 여기자가 낮은 에너지로 떨어지면서 빛을 발생하게 된다.

양극에서는 정공이 주입되며, 음극에서는 전자가 주입된다. 주입된 전자와 정공은 발광층인 유기물 층에서 재결합되어 여기자(exicton)가 생성되고, 여기자는 확산하며 빛이 생성되며 에너지 준위가 낮은 상태가 된다. 생성된 빛은 투명한 전극 및 기판 쪽으로 방출된다.

즉, OLED 전극에 전압을 가하면 Anode에서는 Hole이 주입, 운송되고 Cathode에서는 Electron이 주입, 운송되어 발광층(EML) 내에서 재결합하게 되며 이때 생성된 Exciton이 기저상태로 전이하면서 빛을 내게 되는 것이다.

라. OLED의 장단점

 1) 장점

  가) 면광원

OLED는 유리기판과 같이 넓은 면적의 평판 기판을 이용하여 제작이 가능하여 면광원의 구현이 가능하다. 신개념의 광원으로 평면의 형태로 제작이 가능하여 다양한 형태의 타일 조명을 구현할 수 있다. 조명 이외에도 백라이트와 같은 IT기기에도 응용이 가능하다.

  나) 유연조명

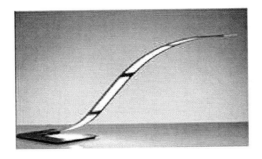

곡선형태의 데스크조명

OLED의 유연조명으로 제작하는데 있어, 핵심재료는 유기박막이다. 유기박막은 휘거나 구부려도 특성을 유지할 수 있는 장점이 있어, 유연한 OLED조명의 제조가 가능하다. 유연한 OLED조명은 백열등 혹은 형광등으로는 구현할 수 없는 OLED조명만의 특징이다.[2]

다) 고연색지수[3]

연색성은 다양한 요소에 의해 결정되지만 광원의 발광 스펙트럼이 연색성을 결정하는데 있어서 중요한 요소이며 백색 OLED의 발광 스펙트럼을 변화시킬 수 있는 다양한 방법이 제안되고 있고, 다양한 발광 재료가 개발되고 있어 OLED를 이용하면 형광등과 같은 광원에 비해 연색지수가 높은 광원의 구현이 가능하다.

라) 다양한 색온도

백색의 색온도 범위는 2800~6500K이다. 그러나 나라마다 다소 선호하는 색온도가 다르기도 하다. 색온도는 발광 스펙트럼을 조절하여 변화시킬 수 있어 큰 장점을 지닌다. OLED에서 백색을 구현하기 위해 다양한 방법이 있으나, 발광 재료의 종류 혹은 혼합 비율을 변화시켜 발광 스펙트럼을 변화시킴에 의해 다양한 색온도의 구현이 가능하다.

마) 고효율

조명으로 사용되는 백색 OLED는 자체 발광이다 보니 어두운 영상을 표시할 때는 소자의 전력 소모가 줄어들기 때문에 실사용 환경에서의 전력 효율이 높다. 밝은 영상에서도 LCD

---

2) 자료 : SACA 출처
3) 연색 : 광원이 물체에 빛을 비출 때 대상 물체가 얼마나 원래의 색을 잘 표현하는가를 의미한다.

보다는 전력효율이 좋다. 또한, LCD와 비교하면, LCD는 특성상 어두운 영상이나 밝은 영상이나 전력 소모가 별 차이 없다. LCD도 백라이트를 조절하면 어느 정도 가능하기는 하지만 영상 품질 등의 문제로 이런 방법은 별로 쓰이지 않는다,

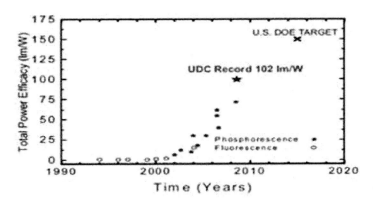

연도에 따른 백색 OLED전력 효율 향상
바) 다양한 모양

OLED는 유리나 플라스틱 기판 상에 면 조명형태로 제작이 가능하지만, 점광원 또는 선광원의 형태로도 제작이 가능하다. OLED광원 설계 및 디자인이 허용하는 모양이 있는 형태처럼 다양한 모양으로 광원 제작이 가능하다.

사) 넓은 휘도 범위

OLED는 전류에 의해 휘도가 조절된다. 전류를 조절함에 의해 조절할 수 있는 휘도 범위는 백색 OLED의 효율 및 소자의 전류 구동 능력에 의해 좌우되지만, 전류를 작게 공급하면

휘도가 낮고 전류를 많이 공급하면 휘도가 높아진다. 대략 1~100,000cd/m2의 휘도까지 조절 가능하다.

아) 광 수명

예전에는 50%감쇄 수명(LT50)이 약 100시간이었으나, 조명으로 가장 일반적으로 사용되는 백색 OLED의 수명이 급격히 향상되어 최근에는 6,000~10,000시간 이상의 백색 OLED가 발표되었다. 또한 50,000시간이상의 OLED가 발표된 바 있다. 백색 OLED의 수명은 더욱 향상될 것으로 예상되며, 향후 수만 시간의 백색 OLED가 발표될 것으로 보인다.

자) 초박형

OLED는 유리나 플라스틱기판과 같은 평판 혹은 유연 기판 상에서 제작이 가능하다. 면광원의 형태로 제작이 가능하기 때문에 면광원을 위한 별도의 부품이 필요하지 않아 아주 얇은 형태로 제작이 가능하다. 기판의 두께에 따라 OLED의 두께가 결정된다.

차) 색 가변 조명

OLED조명의 가장 큰 특징 중의 하나는 OLED조명은 하나의 광원을 이용하여 구동조건에 따라 색을 변화시킬 수 있는 색 가변 면 조명의 제작이 가능하다는 것이다. 백색을 기본으로 다양한 종류의 색이 하나의 면 조명 광원에서 실현될 수

있도록 하는 다양한 기술이 개발되고 있어 조명을 감성화하고 응용분야에서 다양하게 쓰이고 있다.

카) 투명 조명

OLED는 색 가변이 가능하다는 점에서 가장 큰 특징을 지니고 있지만, 투명한 형태로 제작이 가능하다. OLED를 구성하고 있는 유기물은 가시광선영역에서 투명하기 때문에 전극 및 봉지를 투명하게 하여 제작한다. 가시광선영역에서 투명하며 전기전도도가 우수한 ITO가 양극으로 주로 사용되기 때문에 투명한 음극을 사용하면 OLED소자는 투명하게 된다.

2) 단점

가) 높은 가격

낮은 수명과 생산수율로 현재 판매되고 있는 OLED는 수명이 2만 5,000시간 정도로 비교적 짧고, 생산수율이 떨어져 LCD에 비해 두 배 이상 비싸다. 기술적인 문제로 인해 LTPS방식의 AMOLED 소자만이 양산이 용이하므로 이에 따른 장비의 가격 상승으로 일반 LCD-TFT 패널보다 가격이 비싸다.

나) 화면 대형화의 어려움

OLED는 기술적인 문제로 인해 대형화가 쉽지 않다. OLED가 차세대 디스플레이 시장의 주인이 되려면 TV용 대형 제품

들을 양산해 낼 수 있어야 하는데 현재 LG에서 내놓은 OLED TV에 불과하다. 또한 아직 일반인들의 사정권에 들어오는 가격은 아니다. 화면이 커질수록 화질 불 균일, 재료의 열화로 인한 수명단축, 기판 비용 증가 등의 문제가 급속히 증대하는데, 대형화에 따른 단가 상승 문제를 해결할 생산기술이 뒷받침되어야 한다.

다) 전력소모

검은 색상에서 전력소모가 LCD 보다 엄청나게 적은 것은 사실이며, 덕분에 사진을 볼 때는 전체적으로 LCD 의 60~80% 정도의 전력소모를 보인다. 그러나, 흰색에서는 150% 내외의 전력 소모를 보인다. 흰색은 RGB 모두 최대 발광 상태이기 때문이고 여타의 다른 색상은 밝은 화면에서도 아몰레드가 전력 소비가 더 적다.

오늘날 대부분 웹페이지 및 에디터, 이북 등은 흰색바탕에 검은 글씨가 종이에 글을 읽고 쓰는 것과 비슷한 느낌을 준다 하여 바탕화면을 흰색으로 사용한다. 어두운 바탕화면보다 밝은 바탕화면을 선호하는 사람은 피해갈 길이 없다. 그러나 이는 갤럭시 S5가 출시되며 LCD와 동등한 밝기, 흰 화면에서의 전력소모를 보여주어 거의 해결된 문제이며, AMOLED를 주력으로 밀고 있는 삼성 스마트폰도 기존의 흑색UI에서 백색UI의 사용을 늘려나가면서 백색에서의 전력 과소모를 거의 해결한 듯한 모습을 보이고 있다.

여러 상황을 종합하면 LCD보다는 OLED가 전력 소모가 적

다. 하지만 TV등 대형패널 쪽에서는 엣지형 백라이트를 사용한 LCD보다는 전력소모가 높고, 비디오 등 항상 밝은 화면을 틀어놓는 디스플레이에서는 LCD에 비해 뒤쳐질 수밖에 없다.

라) 낮은 수율

LCD와 비교 시 80% 정도로 수율이 낮고, OLED가 생산 단가가 비싼지라 최소 주문 수량이 정해져 있으며, 그 양은 수 십만대 이상이라고 한다.

마) 불안정한 수급

이것은 위의 수율문제와 밀접한 연관이 있는데, 수율이 낮으므로 공장 생산량이 수요를 따라가지 못해 수급 자체가 불안정한 현상이다. 넥서스 원은 수율문제로 판매 도주에 LCD로 교체하기도 했으며, 자사 제품인 갤럭시탭조차 수급문제로 TFT-LCD를 달고 출시하기도 했다. 삼성 발표에 따르면 공장을 증산하고 있다고는 하지만, 아직 갈 길이 멀다.

다음은 앞서 설명한 OLED의 장단점을 표로 정리한 것이다.

장점	단점
• 고효율 • 넓은 휘도 범위 • 높은 광 수명 • 다양한 색 온도 • 면광원 구현 가능 • 색 가변 조명 • 유연조명 • 연색지수가 높음 • 다양한 모양 구현가능 • 초박형 • 투명 조명	• 높은 가격 • 낮은 수율 • 불안정한 수급 • 전력소모 높음 • 화면 대형화의 어려움

OLED의 장단점

마. OLED 조명

구분	백열등	형광등
형태	일반램프, 소형램프, 크립톤 램프	소형, 선형, 원형
수명	1000 ~ 2000 hr	6000 ~ 30000 hr
색	따뜻한 백색 (warm white)	따뜻한 백색 (warm white) 백색 (white) 차가운 백색 (cool white)
연색지수	100	80~90

백열등과 형광등 특징비교

가장 널리 사용되고 있는 조명용 광원으로는 백열등과 형광등이 있다.

백열등은 색이 온화하고 연색지수가 높아 인류에게 가장 사랑받는 조명으로 오랫동안 자리 잡았으나 최근에 에너지 및 환경의 중요성이 부각되며 점차 사라지고 있다. 앞에서 언급한 바와 같이 백열등은 발광파장 영역과 시감곡선이 겹치는 부분이 적어 전력효율은 약 15 lm/W로 낮지만 연색지수가 100으로 높아 감성조명용 광원으로 인식되고 있고, 일반 가정용 조명으로 널리 이용되어 왔다.

이에 비해 **형광등**은 발광 파장의 대부분이 가시광선 영역에

있어 시감곡선과 겹치는 부분이 크며 이로 인해 전력효율이 60~100 lm/W로 높아 에너지 비용이 중요한 공장, 가게, 사무실용 광원으로 주로 사용되고 있다. 다양한 색온도의 형광등이 여러 가지 모양으로 판매되고 있으나 연색지수는 백열등에 비해 낮아 80~90 사이에 있다.

LED와 OLED 조명 응용 분야 비교

백열등과 형광등 기술은 비교적 성숙되어 에너지 효율을 획기적으로 향상시킬 수 있는 방법이 별로 없다. 이에 비해 **LED와 OLED**는 특성이 급격히 향상되고 있다.

LED는 1990년대에 GaN 시스템을 사용하여 효율이 우수한 청색 및 백색 LED가 개발된 이후로 조명용 광원으로서의 가능성이 부각되기 시작하였다. 이후 다른 물질과 결합된 GaN 시스템을 이용한 LED 조명이 기존의 백열등과 형광등의 효율을 넘어설 수 있는 가능성이 제시되며 주목받기 시작했다.

LED 광원은 2~6인치의 소형 반도체 웨이퍼를 이용하여 0.3~1mm x 0.3~1mm 정도의 크기로 제작하기 때문에 "**점광**

원"으로 분류한다. 광원을 이용하여 공간 조절을 필요로 하는 스포트 조명 혹은 작업조명에 적합한 것으로 알려져 있다. 이 분야의 조명은 현재 백열등 혹은 고강도 방전 램프가 주로 사용되고 있다.

LED광원은 제품화가 다양하게 이루어지고 있어 가로등, 경고등, 전광판, 신호등, LCD BLU용 광원으로 주로 사용되고 있다. 백열등, 힐로겐, 형광등 타입 으로도 제작되어 시판되고 있고 보안등, 비상유도등, 스탠드 등, 아트사인 등, 채널문자 간판으로도 사용되고 있다.

하지만 LED 조명은 점광원으로 앞에서 살펴본 바와 같이 발광 면적이 작으면 정해진 광속을 만족하기 위해서 발광 휘도가 아주 높아야 한다. LED는 점광원의 특성상 발광 면적이 아주 작아 높은 휘도를 내어야하기 때문에 눈부심이 심하다. 따라서 LED를 이용하여 눈부심이 적은 광원을 제작하기 위해선 부가적인 부품과 공정이 필요하다.

한편, OLED는 1990년 이후 본격적으로 개발되기 시작되었으며, 특히 조명으로서의 백색 OLED는 1990년 말부터 본격적으로 개발되기 시작하였다. 2000년 초반까지 백색 OLED 광원의 효율은 10 lm/W로 낮았으나 그 이후 많은 연구가 진행되며 급격히 향상되어 현재 100 lm/W 이상의 효율의 OLED 광원이 보고되고 있다.

OLED는 **확산광원**(diffusive light source)이므로 현재 형

광등이 주로 사용되고 있는 대면적의 일반조명 혹은 광고 (signage)에 적합하다. 또한 OLED에 사용되는 기능성 유기박막은 주로 비정질이기 때문에 LED에서처럼 정확한 에피공정 조절 (epitaxial growth control)을 필요로 하지 않아 극히 저가의 기판을 이용하여 단순하게 제작할 수 있다. 따라서 OLED는 저가 고체조명으로서의 가능성이 아주 높다.

앞에서 언급하였듯이 고가의 조명기술은 광범위하게 응용되기 어렵다. 따라서 저가의 가능성은 OLED가 조명으로 광범위하게 응용될 가능성을 높이는 중요한 장점이다. OLED는 확산광원이므로 OLED조명의 궁극적인 목표는 형광등보다 뛰어난 조명을 개발하여 형광등을 대체하는 것이다.

면광원		광원효율 (lm/W)	면광원화 수단	기구의 광이용효율 (%)	종합효율 (lm/W)
OLED		50	불필요	100	50
LED + 도광판		100	도광판	30~70	30~70
무기EL		10	불필요	100	10
평면형광램프		30	불필요	(100)	(20)
FEL		--	불필요	(100)	--
형광등		100	확산판	50	50

OLED 면광원과 타 면광원 특성 비교

OLED 조명은 **면광원이며 확산광원**이므로 대 면적에서 은은하며 감성적인 빛을 제공하며 눈부심이 없어 눈의 피로가

적으며 낮은 높이에서 사용할 수 있는 장점이 있다.

OLED는 다른 면광원에 비해 고효율과 장수명, 저가격의 특성을 확보할 가능성이 높으며 투명한 조명, 우수한 색감, 색온도 조절이 용이하여 감성조명으로 응용 가능성이 아주 높다.

OLED조명은 단기적으로는 유리를 기반으로 타일 형태의 OLED광원을 이용한 형태가 상용화될 것이며, 중기적으로는 투명 조명이나 색 가변 조명이, 장기적으로는 플렉시블 조명이 상용화될 것으로 예상된다. OLED 조명은 LED 조명과 달리 도광판이 필요 없어 가구 일체형 조명, 창문형 조명, 플렉시블 조명 등 새로운 시장을 만들 수 있다.

더불어 OLED 조명은 그 특성이 우수하여 차세대 조명으로 주목받고 있다. OLED 면조명은 기존의 백열등, 형광등에 비해 60~90%의 전력 절감 효과가 기대되며 색 순도의 조절이 용이함과 동시에 얇은 두께, 투명, 플렉시블 조명 등의 특성으로 인하여 디자인 자유도가 높으며 감성조명의 구현이 가능하다. 또한 반도체 LED에 비해 구조와 공정이 간단하여, 공정시간 단축, 공정장비 단순화가 가능하며, 점광원의 반도체 LED에 비해 별도의 부품 없이 면광원이 가능하여 응용분야가 광범위할 수 있다.

현재 보고되고 있는 OLED 조명은 효율 70~100 lm/W 이

상, 수명 10000 시간 이상으로 백열등을 대체할 수준 이상이다. 그러나 아직까지 경쟁기술인 LED 조명에 비해 수명, 효율 특성 개선이 필요하며 형광등에 비해 가격이 비싸다. 하지만 OLED조명은 2020년에 효율 200 lm/W, 수명 50000 시간 이상, 가격 1 $/Klm 이하가 예상되어 현재에 비해 획기적으로 개선될 것으로 예측되고 있다고 생각을 했지만 결과적으로,

OLED조명은 실패했다. 가장큰 이유는 가격문제인데 LED는 중국에서 생산랭을 좌우하는데 LED업체 간 가격 경쟁이 벌어

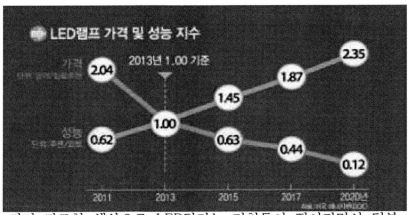

지며 과도한 생산으로 LED단가는 미친들이 떨어지면서 덕분에 일본, 독일, 한국업체도 엄청난 타격을 입었다. 그래서 OLED 조명은 극심한 가격 하방 압력을 받았고 결국 가격차이를 극복해내지 못한다.

또한 OLED 조명은 초박형, 휘도, 색온도, 색상 조절 용이성, 플렉시블 특성을 지진 신개념 조명으로서, 유기전자 소자 분야와 연계를 통한 핵심기술 공유가 가능하다. 또한 OLED 조명은 BLU, 옥내외 주조명 및 보조조명, 광고(signage), 차량용 조명 등에 응용될 수 있는 실용화 기술이지만 OLED조명은 LED보다 휘도도 낮고 수명도 짧기 때문에 LED조명은 10년 이상 사용이 가능하지만 OLED의 경우 유기물의 수명이 LED보다 훨씬 짧아서 어두워질 수 있고, 온도의 변화가 심한 곳에서는 그러한 현상이 더 두드러질 수도 있다.

구분	형광등	OLED	LED
광원	선광원	면광원	점광원
광원밝기	보통	보통	강함
효율 (lm/W)	70	50	100
면적당 휘도	보통	낮음	높음
수명 (시간)	10,000	20,000	100,000
단가 ($/Klm)	10	--	100

이슈	환경오염	가격, 조명공해	효율, 대량생산
특징	저가격	디자인, 감성화	고휘도
응용분야	가정, 공장 등	실내조명	가로등, 신호등
장점	저렴한 가격	높은 연색성 다양한 형태 등 기구화 효율 우수	고휘도
단점	중금속 오염	R&D투자필요	부품추가 소요 조명공해 유발

형광등 LED조명, OLED조명 특성 비교

바. OLED 디스플레이

OLED조명과 OLED디스플레이는 사용되는 소자 구조는 거의 유사하지만 구조, 응용분야, 필요한 특성, 제조공정 등에 있어 서로 다르다. **OLED조명**은 빛을 비추는 용도로 주로 사용되기 때문에 수 mm~수십 크기의 광원을 배열하는 구조로 되어 있는 반면에 **OLED디스플레이**는 화면에 동영상 혹은 정보를 표시하기 위하여 수 μm~수백 μm크기의 화소가 미세하게 배열되어 있다.

OLED디스플레이는 녹색, 적색, 청색의 서브화소를 이용하여 여러 가지 색을 표현할 수 있다. OLED디스플레이 (AMOLED)는 각각의 서브 화소를 조절하기 위해 TFT를 필요로 한다. TFT 백플레인은 수십~수백 단계의 단위공정을 거쳐 제조되며, 고정밀 노광장비, PECVD, 스퍼터와 같은 고가의 공정 장비를 필요로 하여 수천억 원~수조원의 투자비용을 필요로 한다.

OLED디스플레이의 서브 화소 크기가 매우 작기 때문에 미세 패턴 형성 공정을 필요로 한다. 따라서 OLED 디스플레이의 제작을 위해선 유기물, 전극 등을 코팅하는 장치 이외에 미세 패턴을 형성하기 위한 별도의 장치를 필요로 한다.

또한 디스플레이를 위해선 TFT 백플레인의 화소 영역과 OLED서브화소 영역이 서로 미세 정렬되어야 하기 때문에 OLED디스플레이에서는 고가의 OLED화소 형성 장비를 필요

로 한다. LED조명 제조를 위해선 생산성이 우수한 인라인 OLED형성 장비가 사용되고 있으나, OLED디스플레이의 제조를 위해선 고정밀 클러스터 타입 OLED형성 장비가 주로 사용된다.

OLED조명과 디스플레이는 사업 영역이 다르기 때문에 참여하는 기업도 차이가 있다. OLED 디스플레이의 경우 SMD, LG디스플레이, 소니 등의 디스플레이 전문 회사가 주도하고 있다. 그러나 SMD, LG디스플레이와 같은 기업에서도 OLED조명을 연구개발하고 있으며, LG화학과 같은 소재 전문기업 또한 OLED조명을 연구개발하고 있어 사업 영역 파괴가 일어나고 있다. OLED디스플레이와 OLED조명이 필요로 하는 공통적인 기술 요소와 각각의 특징적인 기술 요소가 있다.

OLED디스플레이와 조명에 모두 필요한 공통적인 기술 항목으로는 변환효율(전류가 빛으로 변화되는 비율), 수명, 안정성, 전력효율 등이 있으며, OLED 디스플레이만의 기술항목으로는 명암비, 색온도, 색재현상, 시야각, 해상도 등이 있다. 또한 OLED조명만의 기술 항목으로는 광속, 다면적 발광, 연색지수, 전체 전력효율(램프효율) 등이 있다. 색온도의 경우 디스플레이와 조명이 모두 중요하나 디스플레이와 조명이 필요로 하는 값은 다르다.

디스플레이의 경우 6000~1000K정도의 범위가 필요한 반면, 조명에서는 2800~6500K의 범위가 일반적이다. 전력효율 면에서 디스플레이는 정면효율이 중요한 반면, OLED 조명의 경우

측면을 포함한 전체 효율이 중요하다. 다음은 OLED디스플레이와 OLED조명을 비교하여 표로 정리한 것이다.

	OLED 디스플레이	OLED 조명
구조	TFT 필요 	TFT 불필요
화소	수십-수백만 개의 RGB 서브화소	수-수십만 개의 광원
	수μm - 수백 μm	1mm - 수십cm
공정	수십-수백단계 공정 화소 미세 정렬 필요 패턴 형성 공정 필요	10단계 공정 이하 광원 미세 정렬 불필요 패턴 형성 공정 불필요
재료	전용 재료 필요	색 순도가 높은 청, 녹, 적 재료 필요
투자비	수조 원	수천억 원
응용분야	스마트용, 태블릿 PC, TV	조명, IT기기

OLED 디스플레이와 OLED 조명 비교

사. OLED 종류

1) 소재

가) 저분자OLED

OLED는 구성 유기물의 분자량에 따라 **저분자 및 고분자** OLED로 구분된다. 분자량이 작은 유기물로 OLED가 구성될 경우 **저분자 OLED**라 하며, 단분자 OLED라고도 불린다.

대표적인 저분자 물질로 발광 재료와 전자수송재료로 사용되는 Alq3및 정공수송재료인 NPB가 있으며, 수십~수백 가지의 유기물이 개발되어지고 있다.

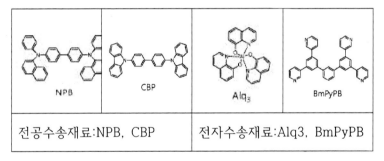

전공수송재료:NPB, CBP	전자수송재료:Alq3, BmPyPB

대표적인 저분자 물질

저분자 OLED 소자는 **진공 증착장치**로 비교적 쉽게 제작할 수 있다. 진공 증착장치는 진공 챔버 및 진공을 만들기 위한 진공 펌프로 구성되어 있다. 진공 챔버는 기판을 고정시키기 위한 시편 홀더, 유기박막의 두께를 모니터링하기 위한 센서,

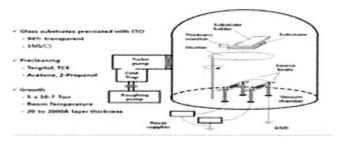

저분자 증착장치

유기물 증착을 시작하거나 끝내기 위한 셔터 및 유기 발광물질, 금속 등 증착하고자 하는 물질을 넣는 보트(boat), 보트를 가열하기 위한 히터로 구성되어 있어서 OLED 소자를 비교적 쉽게 제작할 수 있다.

저분자 OLED소자는 다음과 같은 공정과정을 통해 제작된다. 유기박막이 **정공수송층인NPB와 발광층인Alq3**두층으로 구성되어 있으며, NPB 보트를 가열하여 원하는 두께가 될 때까지 박막을 증착한 후 셔터를 닫아 증착을 완료하고 NPB보트의 가열을 중지한다. 이 후 Alq3가 담겨진 보트를 가열하여 Alq3를 같은 방법으로 증착한다. 일반적으로 NPB, Alq3와 같은 유기물질의 증착속도는 약 0.1nm/sec정도가 되게 한다. 이는 증착 속도가 크면 OLED소자의 특성이 감소하는 경향이 있기 때문이다.

유기박막이 다층 박막으로 구성되어 있을 경우 위와 같은 방법을 이용하며, 유기박막을 증착하기 위해서 많은 시간이 소요되므로 효율을 높이기 위해 여러 개의 진공챔버로 구성된 유기 증착기를 이용한다. 유기박막의 증착이 완료되면 같은

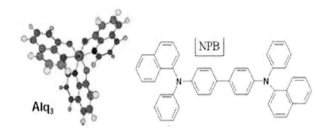

NPB, Alq3

음극의 형성을 위한 진공챔버로 기판을 이송, 장착한 후 금속 보트를 가열하여 음극 금속을 증착하게 한다.

음극 재료로는 Mg:Ag와 같은 합금이나 LiF와 Al의 이중층으로 사용한다. 유기물질의 증착속도와는 다르게, 음극의 증착속도는 일반적으로 약 1nm/sec정도가 되도록 한다. 음극의 증착이 완료되면 별도의 챔버 혹은 질소가 채워진 글러브 박스로 기판을 반송한다. 이어서 외부의 수분과 산소를 차단하는 봉지 공정을 수행하면 저분자 OLED소자의 제작을 완료한다.

저분자 OLED는 진공증착 법에 의해 제작되기 때문에 다층의 유기박막 구조로 제작이 가능하여 소자 구조를 최적화함에 의해 구동전압, 발광 재료가 가진 발광효율, 수명 등의 특성을 극대화 할 수 있다. 따라서 저분자 OLED는 기술의 발전속도가 빠르고 대부분의 OLED 제품 생산에 적용되고 있다.

나) 고분자OLED

분자량이 큰 물질인 고분자로 구성되면 **고분자 OLED**라고

하며 PLED라고도 한다. 고분자 재료로 PPV, MEH-PPV와 같은 재료가 있다.

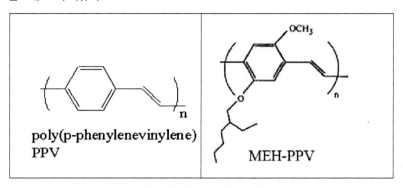

대표적인 고분자 물질

고분자 재료는 주로 용액으로 사용되기 때문에 스핀코팅, 잉크젯 등의 용액을 이용하는 방법을 주로 사용하여 박막을 형성한다. 고분자 OLED소자는 박막 구조도 단순하며, 쉽게 제작할 수 있는 장점이 갖고 있다. 또한 대형 유리 또는 플라스틱 기판을 이용하여 화면이 큰 디스플레이를 제작 할 수 있는 장점이 있다.

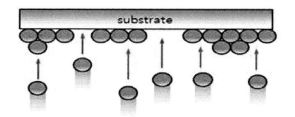

고분자 증착원리

하지만 고분자 재료의 경우 재료를 용해시키는 용매가 서로 비슷하기 때문에 스핀코팅에 의해 첫 번째 박막을 형성하고 두 번째 박막을 형성하기 위해 다시 스핀코팅을 진행하면 첫 번째 박막이 용해되어 손상이 된다. 이러한 문제로 스핀코팅으로 컬러 디스플레이를 만들기가 어려운 단점이 있다.

고분자 재료를 이용하여 컬러 디스플레이를 제작할 경우에는 주로 적색, 녹색 및 청색을 별도로 형성시킬 수 있는 잉크젯 프린팅 방식이 주로 이용되고 있다. 또한 다수의 기능성 박막을 이용하여 OLED의 구성이 어려운 단점을 갖고 있다. 고분자 OLED의 효율 및 수명이 저분자 OLED에 비해 좋지 않기 때문에, 아직 컬러 디스플레이로 상용화되지는 않았으나, 다면적으로 제조하기가 쉬워 발전 가능성이 높은 것으로 알려져 있다. 다음은 저분자OLED와 고분자OLED의 특징을 표로 정리한 것이다.

구분	저 분 자 OLED	고 분 자 OLED
장점	증착방식에 의한 전자동 생산방식 확립. 유기 재료 정제가 용이함. 핵심 재료 개발이 용이함. 고분자 OLED에 비해 개발수준 높음. 소형패널의 양산공정이 구축, 초기시장주도	공정이 단순하며, 고진공증착장비등의 초기투자 비용이 낮음. 재료 사용 효율이 매우 높아 공정 비용이 저분자에 비해 저렴함. 내열성이 뛰어남. 기계적 강도 우수하며, 구조 단순함.
단점	재료 사용효율이 낮음. 대화면 적용을 위해서는 장비개발이 필요함. 고진공 장비 등, 초기 투자비용이 큼.	저분자 OLED보다 R&D 지연으로 고성능 재료의 개발이 시급함. 적층 구조등 복잡한 구조의 구현이 어려움. 재료 정제의 어려움으로 인한 신뢰성확보가 미흡함.
공정방식	고진공 물리기상증착 방식 패터닝 : fine shadow mask (독립증착)	잉크젯프린팅 방법 스핀 캐스팅
관련업체	코닥, UDC, Idemitsu-Kosan, Toyo Ink, Pioneer, Sony, Sanyo, Tdk, Toshiba, 도레이, Mitsubishi, Chemical, LG전자, 삼성SDI, 오리온 전기 등	CDT, DOW Chemical, Covion, Philips, Toshiba, Seiko-Epson

저분자OLED와 고분자OLED

2) 발광방식

OLED는 발광방식에 따라 **형광 및 인광**으로 구분된다.

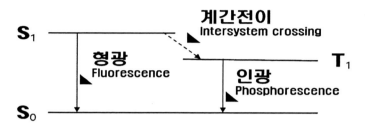

형광과 인광의 에너지 준위에 따른 구분

가) 형광OLED

양극과 음극에서 주입된 전자와 정공이 발광층에서 재결합됨에 의해 일중항 여기자 및 삼중항 여기자가 생성되며 일중항 여기자에 의해 발광이 일어날 경우를 형광발광이라 하며, 이러한 형광발광 재료를 이용하여 제작된 OLED를 **형광OLED**라 한다.

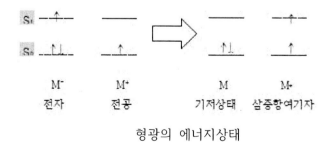

형광의 에너지상태

위의 그림을 보면 전자와 정공의 재결합에 의해 형성된 일 중항 여기자를 나타낸다. **전자**는 분자의 에너지 상태 S_1에 하나의 전자가 있는 경우를 말하며, **정공**은 에너지 상태 S_0에 전자가 하나 비어 있는 경우를 말한다.

전자와 정공이 만나면 기저상태 및 여기자가 생성될 수 있으며, 전자의 방향이 그림에서와 같이 놓여 있을 경우를 **일중항 여기자**라고 한다.

일중항 여기자에서 S_1에너지 상태에 놓인 전자는 에너지 상태 S_0로 쉽게 에너지 상태가 변하는 과정에서 여분의 에너지가 빛으로 전환되며 이를 형광발광이라 한다.

형광발광은 에너지 전이(transition)가 쉽게 일어나기 때문에, 수 나노초 이하로 매우 짧다. 앞에서 기술한 것처럼 전자와 정공의 재결합에 의해 25%의 일중항 여기자가 생성되므로 형광 OLED의 최대 내부양자 효율은 25%가 되며, 빛의 추출 효율은 약 20%이므로 외부양자 효율은 최대 5%가 된다.

전자와 정공의 재결합에 의해 형성된 일중항 여기자와 삼중항 여기자는 상대적인 에너지 준위를 나타낸다. 일중항 여기자는 삼중항 여기자보다 높은 에너지 상태에 놓여 있기 때문에, 일중항 여기 에너지 상태로부터 삼중항 여기 에너지 상태로 에너지 전달이 일어날 수 있다. 이를 **계간전이**(intersystem-crossing)라 한다.

대표적인 형광 발광 재료로는 저분자의 경우 Alq3(녹색),고분자의 경우 PPV (녹색), MEH-PPV(주황색)등이 있으며, DCJTB(적색), Quinacridone(녹색)과 같은 재료가 있다.

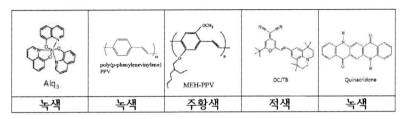

Alq3	poly(p-phenylenevinylene) PPV	MEH-PPV	DCJTB	Quinacridone
녹색	녹색	주황색	적색	녹색

형광 발광 재료

DCJTB, Quinacridone과 같은 형광재료는 형광특성이 아주 강하지만, 단독으로 발광층 재료로 사용하면 발광효율이 좋지 않아, Alq3와 같은 재료에 미량을 첨가하는 도판트로 사용된다.

예를 들어, 적색 도핑재료인 DCJTB를 Alq3에 미량으로 도핑하면, Alq3에서 발광이 일어나는 대신 DCJTB에서 주로 발광이 일어나며 발광색은 적색이 된다. 따라서 이러한 방식에 의해 OLED의 색을 쉽게 조절할 수 있으며, 형광특성이 아주 좋은 발광 재료를 사용함에 의해 발광효율을 높일 수 있다. 저분자를 이용한 형광 OLED는 수명이 상대적으로 길고, 제조 공정이 잘 정립되어있다. 따라서 제일 먼저 디스플레이의 제작에 이용되었다. 하지만 최대 효율이 인광OLED에 비해 낮으므로 형광OLED의 중요도는 점점 낮아지고 있다.

나) 인광OLED

정공 및 전자의 재결합에 의해 생성된 삼중항 여기자에 의
해 빛이 생성될 경우 이를 인광발광이라 하며, 인광발광 재료
를 발광층으로 이용하여 제작된 OLED를 **인광 OLED**라고 한
다. 인광 OLED는 1990년 미국의 프린스턴 대학에서 개발된
이후로 연구개발 비중이 점차로 높아지고 있다.

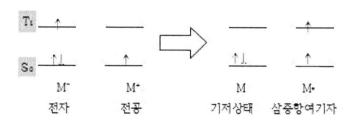

인광의 에너지상태

에너지 T_1에 있는 전자의 스핀(화살표)방향과 에너지 S_0에
있는 정공의

스핀방향이 같을 경우엔 전자와 정공의 재결합에 의해 형성
되는 전자의 스핀방향이 서로 같게 되며 이를 삼중항 여기자
라 한다. 전자와 정공의 재결합에 의해 75%의 삼중항 여기자
가 생성된다.

삼중항 여기자는 전자의 스핀방향이 서로 같기 때문에 여기
자 내에서 T_1상태에 있는 전자는 S_0의 에너지 상태로 전이가
쉽게 일어나지 않는다. 따라서 대부분의 발광 재료의 경우 상

온에서 빛으로 방출되지 못하고 열로 방출되지만, 원자번호가 큰 금속으로 구성된 유기재료에서 삼중항 여기자에 의해 빛이 방출되는 인광현상이 상온에서 관찰된다.

또한 앞에서 기술한 것처럼 계간교차에 의해 일중항 여기자로부터 삼중항 여기상태로 에너지가 전달이 가능하며, 따라서 인광 OLED는 재결합된 여기자를 모두 빛으로 전환시킬 수 있어서 이론적으로 얻을 수 있는 최대 내부양자효율은 100%, 최대 외부양자효율은 20%가 되어, 형광 OLED에 비해 4배 높은 효율을 얻을 수 있다.

인광 OLED용 발광 재료로는 원자번호가 큰 금속과 유기물과 결합된 금속착화합물이 주로 이용되고 있으며, 대표적인 재료로는 Ir(ppy)3,FIrpic등이 있다.

Ir(ppy)3	FIrpic	CBP

인광 발광재료

Ir(ppy)3,FIrpic등의 인광 발광 재료는 주로 호스트 재료에 도핑 하여 사용되고 있다. 호스트 재료로는 CBP와 같은 재료가 주로 이용되고 있다. 발광효율을 증가시키기 위해 발광층과 전자 수송층 사이에 BCP와 같은 재료(Hole Blocking Layer)를 삽입하는 구조가 주로 사용되고 있다.

인광 OLED는 발광효율이 높기 때문에 다면적 디스플레이의 제작에 유리하며, 소비전력이 작은 디스플레이를 제작할 수 있는 장점이 있다.

3) 구동방식

PM-OLED 및 AM-OLED는 OLED를 이용한 디스플레이를 나타내는 용어이다.

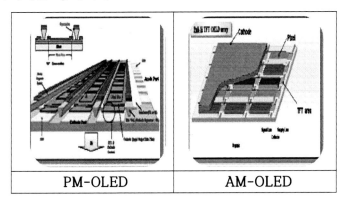

PM-OLED와 AM-OLED 기판 구분

가) PM-OLED

PM-OLED는 배선 형태의 양극과 음극이 수직으로 교차하는 부분이 화소가 되는 구조로 되어 있다. PM-OLED는 음극 배선에 마이너스 전압을 순차적으로 인가하며, 양극 배선에 화면 신호를 인가하여 디스플레이를 구동한다. 즉, 첫 번째 줄에 마이너스 전압을 인가함과 동시에 첫 번째 줄의 화면 신호를 인가한 후, 두 번째 줄로 신호가 넘어가는 방식으로 구동을 하게 된다. 첫 번째 줄에서 두 번째 줄로 신호가 넘어가면 첫 번째 줄의 OLED 화소는 OFF가 되어 발광하지 않게

된다. 4줄의 디스플레이를 구동할 경우, 디스플레이 화면의 휘도는 OLED화소 휘도보다 4배 작게 된다. PM-OLED는 휴대폰 서브창 및 MP3 플레이어용 디스플레이와 같은 작은 크기의 디스플레이에 응용되고 있다.

나) AM-OLED

AM-OLED는 각각의 화소에 구동용 TFT[4]를 형성하여, TFT에 의해 OLED 화소가 구동되도록 한다. 각각의 화소에는 화면신호를 저장하는 저장용량이 있어 신호가 다음 줄로 넘어가도 정보가 그대로 저장됨에 의해 OLED화소에서 계속 빛이 방출되도록 구성되어 있다. 디스플레이 화면의 줄 수가 많아져도 필요한 휘도가 급격히 증가하지 않아 대면적의 디스플레이 구현에 적합하다. 또한 AM-OLED는 TFT에 의해 각각의 화소가 조절되기 때문에 화면 불량이 적고, 높은 해상도의 구현이 가능한 장점을 갖고 있다.

AM-OLED는 TFT-LCD와 달리 전류에 의해 OLED화소의 휘도가 조절되기 때문에 각각의 화소를 구동하기 위해선 두 개 이상의 TFT를 필요로 한다.

---

4) TFT : 박막트랜지스터, Thin Film Transistor,기판 위에 진공증착 등의 방법으로 형성된 박막을 이용하여 만들어진 트랜지스터. 반도체와 절연체, 그리고 금속의 박막을 차례로 증착하여 만든다.

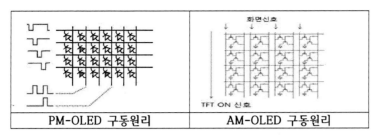

| PM-OLED 구동원리 | AM-OLED 구동원리 |

PM-OLED 구동원리와 AM-OLED 구동원리

AM-OLED를 구동하기 위한 TFT로는 저온 다결정 Si (LTPS, Low Temperature Polycrystalline Si) TFT와 비정질 Si (amorphous Si) TFT가 있으며, 플렉서블 기판을 이용할 경우 유기 TFT를 사용하기도 한다. LTPS-TFT는 전하 이동도가 우수하기 때문에 전류의 공급 능력이 우수하여 AM-OLED 개발 초기부터 사용되어 왔다.

하지만 LTPS-TFT는 TFT간의 균일도가 좋지 않으며, 제조가격이 비싼 단점이 있다. 이에 비해, 제조가격이 LTPS-TFT에 비해 저렴하고, 대면적의 유리 기판을 처리할 수 있는 장비 개발이 잘되어 있는 장점을 가진 비정질 Si TFT는 TFT-LCD의 제작을 위해 널리 사용되고 있다. 그러나 전하 이동도가 작아 전류의 공급 능력이 작으며 신뢰성이 좋지 않은 단점을 갖고 있다. 하지만 아직도 AM-OLED의 생산에 이용되어지고 있다. 유기 TFT는 신뢰성 개선이 필요하면서 산화물 TFT로 그 영역을 확장하고 있다.

4) 광 방출방향

OLED는 빛의 방출 방향에 따라 양면발광, 배면발광, 전면발광으로 구분된다.

대분류	배면발광소자	전면발광소자
발광 방향		
구조	투명양극 반사음극	반사양극 투명음극
공정	단순 공정	복잡한 공정
개구율	낮은 개구율(40%)	높은 개구율 (40-70%)
해상도	저해상도	고해상도
그 외의 특징	낮은 소자	장수명, 우수한 색 특성

배면발광소자와 전면발광소자

배면발광 OLED는 투명한 기판 방향으로 빛이 방출되는 구조이며 가장 많이 사용되고 있다. **전면발광** OLED는 기판의 반대 방향으로 빛이 방출되는 구조로, 투명한 기판을 사용할 필요가 없기 때문에 금속, 실리콘 웨이퍼 등의 불투명한 기판을 이용하여 OLED의 제작이 가능한 장점이 있다. AM-OLED에서 TFT가 놓여 있는 기판의 반대 방향으로 빛이 방출되기 때문에 수많은 TFT로 OLED화소 구동회로를 제작하여도 빛이 방출되는 면적이 크게 감소하지 않는 장점이 있어서 해상도가 높은 디스플레이에 사용되고 있다. **양면발광** OLED는 빛의 양쪽 방향으로 방출되는 방식으로, 두 개의 OLED를 겹치는 방식과 투명한 OLED를 이용하는 방식으로 다시 구분된다. 투명한 OLED를 이용하는 방식은 건물의 창 혹은 자동차 유리 등에 디스플레이를 표시할 수 있어 응용 분야가 넓은 장점이 있다. 양면발광방식은 휴대폰 등에서 메인창 및 서브창을 동시에 표시하기 위하여 개발되었으며, 다양한 분야에 응용될 것으로 예상되고 있다.

아. OLED 제조공정[5]

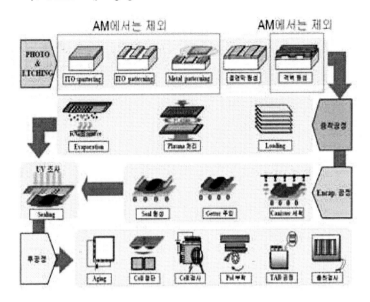

OLED 제조공정도

OLED의 제조 공정은 위의 그림과 같다. 에칭(Etching)-증착공정-VU조사-Thin-Film-Encapsulation공정-후공정을 통해서 제작이 된다. 결벽 형성 시, 감광성 수지를 이용하여 양극전극(Al)에 패턴(Patterning)공정을 한다. 증착과정에서 Plasma-처리와 Evaporation기술이 있다. 플라즈마공정에서 O_2,Ar등 불활성 기체에 RF Power를 인가 시켜 생산된 Plasma로 기판의 표면을 화학적, 물리적 반응에 의해 처리하여 ITO층의 Work Function 값을 높여줌으로써 OLED

5) 자료 : OLED 구조 및 구동 원리, 2006년 2월 FPD 전문가 양성 세미나용, LG전자, 김 광 영

Device의 특성을 향상시켜 준다. 또 다른 방법에는 UV-Cleaningdms가 있다. O_2에 UV를 조사시켜 화학반응에 의해 생성된 오존으로 기판 표면의 유기물 제거로 Device의 효율을 향상시킨다. 이후 E-beam Evaporation과정에서는 전기장에 의해 회절된 전자빔으로 원료물질을 가열하여 증착시킨다. 다음공정은 Thin-Film-Encapsulation공정으로 봉지용 초박막을 형성한다. Encapsulation공정이 끝난 후에 aging[6]-O/S검사[7]-Scribing-Breaking-ProbeTest[8] -Cleaning-Pol.부착하는 과정을 통해 샘플에 전원을 인가시켜 패널의 양, 불을 판별하고 양품으로 판별된 패널이 제작된다. 이후 ACF부착-TAB[9]-최종검사[10]-Seal/Tape부착[11] -Case조립 하는 과정을 거쳐 제품으로 출하된다.

1) OLED 면광원

OLED면광원의 구조는 일반적인 OLED 단위소자와 크게 다르지 않다.

---

6) aging : 양질의 패널 가각에 역 전압을 인가하여 막 안정성 및 막 효율을 향상시킨다.
7) O/S검사 : Cell 전체화면을 각각 발광 시켜 소자내의 결합 여부를 판정한다.
8) Probe Test : 각 패널패드에 신호를 입역하여 불량을 점검한다.
9) TAB : 패널부위에 접착되어 있는 ACF상에 COF를 패널패드에 정렬시켜 열 압착을 한다.
10) 최종검사 : 패널과 모듈의 연결 상태와 일정신호를 입력하여 패턴 검사를 한다.
11) Seal/Tape부착 : 제품의 신뢰성 향상을 위해 TAB된 부위에 Seal 제 도포 후 Tape를 부착한다.

(1) 유리기판상에 ITO와 같은 투명 도전 막이 양극으로 사용되며 빛이 방출되는 영역을 규정하기 위해서 양극은 패턴으로 형성되어 있다.

(2) 양극 패턴의 전기저항을 감소시키기 위해 외곽 부분 또는 적당한 부분에 금속 보조전극이 형성되어 있다. 금속 보조전극은 전원을 공급하는 패드 역할을 하도록 구성되기도 한다.

(3) 양극 패턴의 가장자리 부분으로 인한 불균일성을 감소시키며, 금속 보조전극 부분을 유기박막과 절연시킴에 OLED소자의 누설전류, 재현성 등의 특성을 향상시키는 절연막 또는 격벽이 형성되어 있다.

(4) 양극 패턴 상에는 유기박막이 형성과 유기박막 위에는 음극 패턴이 형성되어 있다. 음극 패턴은 전원을 공급하는 패드의 역할도 한다.

(5) OLED 소자 상에는 봉지부분이 형성되어 있다. 봉지 부분은 봉지 커버 또는 캔, 수분을 흡습하는 Getter, 봉지 커버와 OLED 소자가 형성된 기판이 접착되는 접착제 패턴으로 구성되어 있다. 봉지 커버와 OLED 소자 간의 공간에는 질소 또는 아르곤과 같이 수분이나 산소가 포함되지 않고 반응성이 적은 가스로 채워져 있다.

2) OLED 조명 모듈 공정

OLED 조명의 제조 공정은 (1)전극 백플레인 제조공정, (2)유기박막/음극전극 공정, (3) 봉지 공정, (4)조명 모듈 제조

공정으로 구성된다.

가) 전극 백플레인

전극 백플레인 제조 공정은 기판 상에 투명전극인 ITO 패턴, 보조전극, 격벽 또는 절연막 제조 공정으로 구성된다.

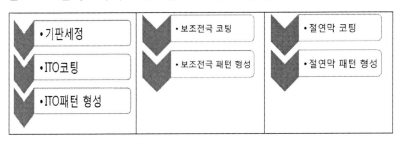

전극 백플레인 제조 공정

① 기판 상에 ITO 전극을 코팅을 한다. ITO 전극은 반응성 스퍼터링, 이온 플레이팅등과 같은 플라즈마를 이용하는 진공 증착 공정에 의해 주로 형성시킨다. 전기비저항이 낮고 투과도가 높은 ITO 박막을 형성하기 위해 분압, 스퍼터링 온도, 타깃 조성 등을 조절하고, ITO 전극의 두께는 50~150mm정도이며 투과도는 85%이상이 되도록 한다.

② ITO전극을 코팅한 후 ITO전극 패턴을 형성하여 빛이 방출되는 면적을 형성한다. ITO전극 패턴을 형성하는 방법으로 노광 공정이 사용되고 있다. 노광 공정은 패턴 형성 시 일반적으로 사용되는 PR코팅/Baking, 노광, 현상/Baking, 식각, PR제거 등의 공정으로 구성되어 있다.

노광 공정에 의한 ITO 패턴 형성은 OLED조명을 위한 투자비를 증가시키는 요인이 되고 있어 레이저에 의한 패턴 형성와 같은 다양한 ITO 패턴 형성 공정이 개발되고 있다.

③ ITO패턴을 형성한 후, 전극의 전기저항을 감소시키며 패드 부분 형성을 위해 보조전극을 코팅한다. 보조전극으로는 Cr, Mo등의 금속 박막이 사용되며 스퍼터링 방식에 의해 코팅된다.

④ 보조전극 패턴을 형성한다. 보조전극 패턴을 위해 ITO패턴 형성 시와 마찬가지로 노광 공정이 가장 많이 사용되고 있다. 보조전극 패턴은 빛이 방출되는 면적을 감소시키므로 보조전극 패턴이 차지하는 면적을 작게 해야 한다. 따라서 ITO 패턴 주변의 보조전극 패턴은 수십 ~ 수백 µm의 폭으로 얇게 형성하는 기술이 개발되고 있다.

⑤ 보조전극 패턴을 형성한 후 OLED의 누설전류, 재현성, 절연 등의 특성 안정성을 향상시키기 위해 절연 패턴을 형성한다. 절연 패턴은 유기 혹은 무기 절연막으로 형성된다. 유기절연막의 경우, 감광성 유기절연막이 주로 사용된다. 앞에서와 마찬가지로 절연 패턴의 형성을 위해 노광 공정을 필요로 하기 때문에 노광공정을 사용하지 않는 프린팅 또는 섀도우 마스크 방식 등의 공정을 이용하여 절연막을 형성하는 기술이 개발되고 있다.

나) 유기박막/음극전극

유기 박막/전극 공정은 유기박막 형성과 음극 전극 형성 공정으로 크게 구분된다. 유기박막 형성 공정은 기능성 유기 박막을 코팅하기 위한 공정이고 음극 전극 형성 공정은 OLED를 완성하기 위한 공정이다.

유기박막과 전극 제조 공정

고 봉지 공정은 OLED에 원하는 않는 가스 혹은 이물이 침투되는 것을 막아주는 패키징을 하기 위한 공정이다. 유기박막 형성 공정은 기판세정과 기판 전처리, 유기막 형성, 전극 증착 공정으로 구분된다.

① 전극 백플레인 기판을 세정 후 기판 전처리를 수행해야 된다. 세정은 기판 백플레인 절연막의 종류에 따라 세정액을 달리할 수 있으며, 절연막이 세정액에 손상을 받지 않도록 세정액을 선택한다. 세정과 기판 전처리는 동시에 수행할 수 있다. 기판 전처리에 의해 ITO 표면의 이물이 제거됨과 동시에 ITO의 표면특성이 개질되어 OLED의 특성이 향상된다. 기판 전처리는 습식 혹은 건식 방식으로 구분이 된다. 습식 방식은 아쿠아레지아와 같은 용액에 ITO 기판을 노출시켜 ITO 표면

- 53 -

의 식각 혹은 표면이 개질되는 방식이며, 건식 방식은 플라즈마 또는 오존 등과 같은 가스에 노출시켜 ITO표면을 개질하는 방식이다. 건식 방식으로는 산소 플라즈마 및 오존 처리가로 이용된다. CFx, Ar과 같은 가스를 이용하여 전처리를 수행하는 경우도 있으며 최근에 Cl, F 등과 할로겐 가스를 이용하는 전처리 공정 또한 개발되고 있다.

② 유기박막을 형성한다. 유기박막은 일반적으로 진공증착 또는 용액공정에 의해 형성되며, 진공증착과 용액공정을 혼합하여 사용하기도 한다. 진공증착 방식이 일반적으로 이용되고 있으며, 잉크젯 프린팅, 오프셋 프린팅 등의 용액공정 방식 방식이 연구개발이 되고 있다. 정공주입 또는 정공수송층 및 발광층은 용액공정에 의해 형성하고 전자수송층 등은 진공증착에 의해 형성하는 하이브리드 방식으로도 개발되고 있다. 하이브리드 방식은 여러 기능층을 형성하기 어려운 용액공정의 단점을 보완하며 공정을 단순화시킬 수 있는 방법이다.

③ 음극을 형성한다. 음극은 진공증착 방식에 의해 형성된다. 음극은 패드 및 버스 라인의 역할을 하기도 하며 원하지 않는 부분에 음극 금속이 형성되는 것을 방지하기 위하여 마스크가 이용된다. 음극 증착 마스크는 디스플레이 정도의 정밀도가 요구되지는 않지만 광원의 크기가 작을 경우 정밀도가 중요한 요소이다. 진공 증착 공정은 장비 투자비와 공정비용보다 저렴한 프린팅을 이용하여 음극을 형성하는 공정 개발에 힘쓰고 있다.

다) 봉지 공정

봉지 공정은 봉지커버 세정, Getter 부착, 접착제 도포/경화 공정으로 구분된다.

봉지 공정

봉지 공정은 외부와 내부의 수분과 산소에 의해 OLED의 신뢰성이 저하되는 것을 방지하기 위한 공정이다. 봉지 공정의 수행을 위하여 봉지 커버에 있는 이물, 먼지 등의 제거를 위해 봉지커버를 세정해야 되며, 봉지 커버는 금속 캔, 유리 등이 주로 사용되어왔으며 현재는 유리가 주로 사용되고 있다. OLED광원에서 발열이 중요할 경우 봉지 캔의 열전도도가 중요하다. 세정 후 수분의 흡습 등을 위한 Getter를 붙인다.

(1) 봉지 커버 세정

세정 후 공기 중에 노출되지 않고 수분이나 산소가 적은 질소 혹은 불활성 가스 분위기에서 Getter를 붙인다.

(2) Getter의 부착

봉지 커버에 접착제를 도포한다. 이때 접착제는 UV 또는 열경화형 에폭시 등이 주로 사용된다. UV또는 열경화형 에폭시는 투습 특성이 좋지 않기 때문에 OLED광원의 외곽에서 신뢰성 저하가 있을 수 있어, 화소의 크기가 작은 OLED 디

스플레이에서는 유리 프릿을 이용한 접착제가 사용되고 있다.

(3) 접착제 도포

접착제를 도포한 후 OLED기판과 봉지 기판을 정렬하여 접착제를 가부착 한다. 이와 같은 공정은 외부의 수분이나 산소가 차단된 분위기에서 진행해야 된다.

(4) 정렬 및 전극 기판과의 부착

자외선 경화제를 사용하는 경우 접착제에 자외선을 쪼여 접착제를 경화한다. 자외선이 경화제에 흡수될 수 있도록 자외선이 투과되는 유리 기판 쪽으로 자외선을 조사하며, 이 때 자외선이 유기 박막에 조사되면 유기 박막이 손상되므로 자외선 가림판 등을 이용하여 자외선이 유기 박막에 조사되지 않도록 해야 한다.

유리 프릿을 사용하는 경우 유리 프릿의 소결을 통하여 유리기판과 봉지 커버가 밀착되도록 해야 한다. 유리 프릿의 소결을 위해서는 높은 온도가 필요하므로 OLED가 손상될 수 있어서 유리 프릿 부분만을 국부 가열할 수 있는 레이저 소결 방식이 사용된다.

라) 모듈 공정

OLED광원 패널이 완성되면 광원 패널을 전기적으로 연결하는 공정을 거친다. 전기적 연결은 하나의 광원을 이용할 수도 있으며 여러 개의 광원을 이용할 수도 있고 모듈 케이스를 이용할 수도 있다.

타일 홀더 제작 · 구로회로 제작

타일 어레이 제작 · 하우징 어셈블리

· 모듈 테스트

모듈 공정

모듈 케이스를 이용하는 경우 PCB기판을 사용하기도 하며, PCB기판과 OLED 광원과의 전기 접속 방법은 다양하며 ACF를 이용할 수 있다. OLED광원 모듈을 이용한 전기적 접속은 광원 패널과 마찬가지로 여러 개의 모듈을 연결하여 조명을 구성할 수 있다. OLED조명은 용도에 따라 다양한 면적의 광원을 필요로 하다. 앞에서 기술한 바와 같이 하나의 OLED광원을 이용하여 하나의 OLED조명을 제작하는 경우도 있으며, 여러 개의 OLED광원을 이용하여 하나의 OLED조명을 제작하는 경우가 있다.

균일 도를 저하시키지 않고 제작할 수 있는 OLED광원은 면적에 한계가 있으므로, 수 cm에서 수십cm의 OLED 광원을 앞에서와 같이 제작하고 이를 타일 형태로 붙여서 OLED조명을 제작하는 방식도 있으며, OLED 타일을 정렬하여 OLED조명을 제작하는 경우에는 타일 홀더가 필요로 한다.

타일 홀더에는 OLED광원을 직렬 혹은 병렬로 연결할 수 있도록 다양한 배선 및 이에 적합한 구동회로가 필요하게 된다. 구동회로와 하우징은 조명의 응용 범위가 방식에 따라 다

를 수 있으며 이에 따라 각각 다른 방식의 모듈 공정이 적용
될 수 있다.

III.OLED 산업분석

3. OLED 산업분석

가. OLED조명 산업

1) 기술현황

조명용 OLED 광원의 효율은 40~80lm/W수준에 있으며, 수명은 10,000~20,000시간정도이다. 조명용 패널의 효율 향상 기술개발로 인하여 패널의 효율은 150lm/W이상, 패널의 수명은 50,000시간 이상으로 향상되었다.

OLED조명은 현재 기술개발 초기 단계에 있어 초박형 면광원이 부각되는 형태의 기술 개발이 진행되고 있다. OLED조명의 효율 및 수명이 향상됨에 따라 OLED 조명의 장점인 디자인이 부각되는 기술 개발이 현재 진행중이다.

또한 OLED조명 기술의 발전으로 건축물, 자동차, 장식조명 등 다양한 분야에 응용되기 위한 기술 개발이 진행되고 있다.

OLED광원 패널은 고효율 백색 OLED 패널에서 OLED조명의 특성을 활용할 수 있는 투명, 색 가변, 플렉시블 패널로 기술 개발이 증가하면서 주목받고 있다. OLED 조명의 효율, 수명, 연색성, 저가격화 기술 향상을 위해선 조명을 위한 소재 및 부품 기술 개발이 필수적이며 부품소재 기술 또한 동반 발전하면서 증가하였다.

지금까지의 OLED 조명 기술 개발은 광원 패널의 효율, 수명, 연색지수 향상 기술에 집중되었으나 최근에는 OLED 광원 패널의 경제적 대량생산 기술이 중요하면서 또한, 광원 패널의 저가격화를 위한 부품소재 기술, 투명 OLED, 플렉시블 OLED광원을 위한 부품소재 기술 개발이 중요해졌다.

2) 시장규모 및 전망

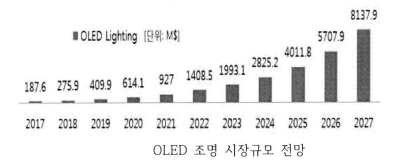

OLED 조명 시장규모 전망

글로벌 OLED 조명 시장은 2018년 기준 2억7600달러이면서, 2027년 81억달러 규모로 성장할 것으로 예상 되어 연평균 44.2% 의 성장률이 전망되었다.[12]

---

12) 2년내 매출 10배 늘린다…LGD 앞길 비추는 'OLED 조명'/아시아경제

또한 한국광산업진흥회의에 따르면, 국내 OLED 조명산업은 2017년 8,940억 원에서 연평균 12.6% 증가하여 2023년 2조 6,640억 원으로 증가 할 것으로 전망된다.

이에 따른 경제적 파급효과는 2018년 약 1.3조 원 시장규모를 형성하였으며, 지속적인 LED조명 보급 정책으로 2022년 이후에는 약 2.4조 원 이상의 시장을 형성할 것으로 전망된다.

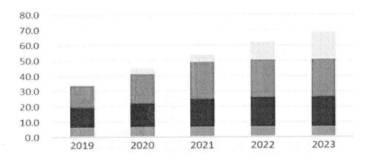

이러한 연구결과는 OLED 조명의 특성으로 인해 농업, 환경, 의료 및 자동차 등 다양한 분야로의 확대가 가능해짐으로 인한 전방연쇄효과[13]의 상승에 기인한 것이다.

---

13) 전방연쇄효과(forward linkage effect): 한 산업부문의 생산증가가 다른 산업부문에 중간재로 쓰여 그 산업의 생산을 증대시키는 영향의 정도를 의미.

OLED 조명은 유리 기판 및 Flexible 기판 모두에 적용 가능하며 OLED 조명의 가장 큰 특징인 디자인 자유도를 살리기 위해서는 **Flexible OLED**를 사용한다. 따라서 Flexible OLED조명 패널시장이 2023년에는 크게 성장할 것으로 예상된다.

유비산업리서치에 따르면 OLED 조명 패널시장은 2019년 디스플레이 업체들의 총 기판 면적(가동 시점 기준)은 3490만㎡로, 4년 뒤 2023년에는 6850만㎡까지 2배 증가할 전망이다. 그리고 또한, 2023년에는 대형 OLED 라인의 기판 면적이 전체 기판 면적에서 42%를 점유할 것으로 예상된다.

2019년 한국의 OLED 기판 면적은 총2790만㎡로서 전체 생산 능력의 80%를 점유하며, 2023년에는 5480만㎡로 확대될 전망이다. 유비리서치는 한국의 점유율은 여전히 80%를 유지하며 OLED 산업을 리딩할 것이라고 분석했다.

특히 건축물 일체형이나 구조물 일체형 조명 등의 특화조명 시장을 창출할 것으로 예상되며, 대부분 업체들은 Flexible OLED lighting을 최종목표로 연구개발을 진행 중이다. 이에 Flexible OLED lighting 시장은 더욱 커질 것으로 예상된다.

이와 같은 OLED 조명시장은 대체적으로 다음과 같은 3단계의 과정을 거쳐 성장하였다.

첫 번째 단계는 **시장진입기**라 할 수 있으며 수요는 그다지 많지 않으나 고급화된 디자인 관점에서 시장에 진입하는 단계

로 광원의 효율이나 크기, 수명 등의 기능은 대체적으로 기존의 제품과 비슷할 것으로 여겨진다. 2000년을 기점으로 연구개발 시기가 이에 해당한다.

두 번째 단계는 2012년 이후 2020년에 이르는 **양적 성장기**로 친환경/효율/저가공정을 기반으로 하면서도 디자인 측면이 강조되는 성장 추구 시기라 할 것이다.

마지막 단계는 2020년 이후 **변환기**로 예측할 수 있는 기존의 일반조명을 대부분 또는 완전히 대체하게 될 자연 친화형 안정기로 정의할 수 있을 것이다.

3) 산업분야

가) 소재·부품분야

OLED 조명산업의 소재, 부품분야에서는 기술개발이 미약한 수준에 머물러 있다. 그라쎌, 신안, SNP, SFC 등의 중소기업과 대기업인 LG화학, 제일모직 등 디스플레이용 유기소재를 생산하고 있는 업체를 중심으로 인프라 및 노하우를 이용한 조명용 소재기술 개발에 참여하고 있다.

나) 패널분야

OLED 패널을 활용한 조명은 고휘도, 저 전력의 장점과 함

께 면 발광이 가능함으로 다양한 수요가 창출될 것으로 기대되는 분야이다. 패널분야에는 국내업체인등과 금호전기, 네오뷰코오롱, 삼성SDS, LG화학 함께 OSRAM, Philips, GE, 루미오텍, 파나소닉, 코니카 미놀타 등 수많은 국내외 업체들이 경쟁적으로 조명용 패널개발에 참여하고 있다.

다) 조명장비분야

이 분야는 OLED 조명이 커다란 픽셀을 사용하기 때문에 수율이나 특성을 측정할 수 있는 전용검사와 Repair장비가 필요하지만 국내외에 전용장비가 제대로 구축되어 있지 않아 개발이 필요한 분야이다. OLED에 대한 수요증대와 사용기판의 대형화로 인해 장비전문업체와 기존의 LCD, PDP 장비 업체들도 장비시장에 활발한 참여가 이루어지고 있다. 국내 업체인 동아엘텍, SNU 등의 중소기업과 세메스, 주성엔지니어링 등의 업체가 증착장비 개발에 참여하고 있다.

라) 등 기구분야

배광을 제어하는 광학적 기능의 디자인의 우수성, 사용의 편리성, 제작의 용이성, 충분한 발휘성 등이 특히 요구된다. 기구 내의 온도상승은 램프의 수명단축과 배선의 절연에 영향을 미치므로 유의해야 하며 용도에 따라 방습, 방진, 방폭 등의 기능성 제품이 있다. 등기구의 재료로는 금속, 유리, 플라스틱 등이 사용되는데 반사율, 투과율, 확산성과 강도, 내구성, 수분, 습기 및 변형가능성, 청소의 수월함 등이 선택 시

고려된다. 구조 및 성능에 따라 직접조명과 간접조명, 등 기구는 형태와 용도, 반간접조명, 반직접조명, 전반확장조명 등 대체적으로 5종류로 분류되고 있다. 참여업체로는 LG화학, 금호전기, 필룩스 등이 있다.

마) 연관산업

OLED 연관산업

조명 산업은 특정 산업의 중간재로 활용하기도 하고 특정 산업의 중간재로 활용되는 경우가 많은 산업이다. OLED 조명은 부품, 소재, 장비, 패널 등이 중간재로 사용되어 생산물이 산출되고 타 산업 및 특정 분야에 중간재로 사용되어 영향력이 높은 분야로, OLED 조명 산업의 Supply Chain은 LED

조명보다 단순한 구조로 이루어져 있다. 또한 패널, 소재, 부품, 장비, 등기구 등의 다양한 산업과의 연관관계를 통해 최종생산품이 산출된다.

예를 들어, **자동차 산업**에서는 내부조명, 전조등, 후방신호등 등으로 OLED 조명이 사용될 것이며, 이 외에도 수송산업에서도 폭넓게 활용될 것으로 전망된다.

특히 OLED 조명은 자동차 부품 분야에서 각광을 받고 있다. 얇고 가벼운 특성과 풍부한 색 표현력이 자동차용 디스플레이에 걸맞다는 분석이다.

자동차는 사실상 눈으로 볼 수 있는 모든 영역을 OLED로 대체할 수 있다. 12.3인치 전면 디스플레이와 투명 디스플레이를 다중 레이어로 구현함으로써 기존 아날로그 계기판과 유사한 입체감을 제공하는 디스플레이, 75%가 넘는 고반사율로 룸미러를 대체할 미러 디스플레이 등이 대표적이다.[14]

시장조사업체 유비리서치는 자동차용 OLED 시장 규모를 2022년 자동차용 디스플레이 시장에서 약 20% 정도의 점유율과, 200억달러(약 22조원)의 시장규모로 전 세계 출하량도 11% 증가한 1억6400만개를 기록할 것으로 내다봤다.[15]

---

14) LG디스플레이, OLED 응용처 확대…'조명부터 자동차까지'/디지털데일리
15) 'OLED 조명'이라고 들어는 보셨나요?/ZD Net Korea

또한 **의료 산업**에서는 OLED 조명이 살균조명, 초소형 내시경, 수술·회복용 특수 조명 등을 대체시키거나 새로운 의료 장비에도 접목시키게 될 것으로 예측된다.

건축 산업에서는 건물 전면을 OLED 조명으로 디자인하거나 도시 산업을 위한 루미나리에나 도심전광판 등에 활용될 수 있을 것으로 예측된다.

<u>환경 산업</u>에서는 햇빛이 없는 해저에서 규조류를 증식시켜 바닷물을 정화시키는 분야에 응용될 것이다.

<u>농수산업</u>에서는 생태환경조명, 오징어 집어 증 수확 및 어획량 증대, 작물재배용 조명 등을 위한 도구로 사용될 것으로 전망된다.

또한 OLED 조명은 생활조명에서 '감성조명'으로, 기술조명에서 '웰빙 조명'으로의 변화를 꾀하고 있다. 소비자들의 조명에 대한 욕구 또한 디자인을 중시하고 친환경 제품을 중시하는 쪽으로 변화하고 있는 추세이다.

예를 들어 OLED조명은 사람과 교감하는 **그린 휴먼 라이팅**(Green Human Lighting)으로 조명문화의 패러다임 변화를 주도할 것으로 보인다. 미래 조명은 에너지 절감, 친환경 요구와 더불어 인간, 조명, 환경이 교감하는 차세대 조명으로 발돋움할 것이며, 조명 공해로부터 자유로운 그린 휴먼 라이팅 환경으로 변화하기 시작하면서, OLED 조명은 기존 조명을

대체하거나 새롭게 접목 가능한 분야로 확대되었다.

  이렇게 OLED라는 신 광원 분야는 기존의 백열등과 형광등을 대체하면서 간판이나 가로등, 농업용, 어업용, 의료용, 차량용 등 다양한 분야에 적용될 수 있어, 경쟁력이 취약한 중소기업 위주로 전개 되어온 국내 조명산업을 새로운 성장 동력으로 이끌 수 있다.

나. OLED디스플레이 산업

1) 시장규모 및 전망

가) LCD와 OLED

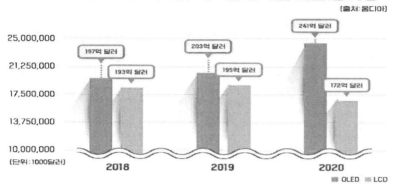

2018~2020년 스마트폰용 디스플레이별 매출 증가량

[출처: 옴디아]

OLED와 LED 스마트 디스플레이 시장전망

영상기기의 화면을 구성하는 디스플레이 패널 시장의 주도권
이 **LCD(액정표시장치)에서 OLED(유기발광다이오드)로 옮겨가
고 있다.** 그동안 상대적으로 값싼 LCD가 90%에 가까운 압도
적인 점유율을 보였지만, 스마트폰이나 태블릿, 웨어러블 기
기에 속속 탑재 중인 OLED는 **중소형 디스플레이**를 중심으로
시장을 잠식해 가고 있는 중이다.

삼성디스플레이와 LG디스플레이 등 국내 업계가 OLED디스
플레이 분야로 중국과 대만 등 경쟁국 업체를 앞서고 있어 수

익성에도 크게 활약하고 있다.

 스마트폰 디스플레이 시장점유율은 2019년을 기점으로 LCD에서 OLED로 전환되면서 스마트폰 LCD는 50%이하로 하락세하면서, OLED는 64.6%를 차지하면서 OLED 시장 성장이 가속화 될것으로 분석된다. OLED 수요가 늘어나면서 디스플레이 시장에서 차지하는 비중도 계속 높아질 것으로 예상되면서 2020년 디스플레이 시장에서 OLED가 차지한 비중은 31%였으나, 2025년에는 44.3%까지 차지할 전망이다. 다음은 대형 디스플레이 시장 전망이다.

대형 디스플레이 시장 전망

 유비리서치에 따르면, 대형 디스플레이 비중이 2021~2024년 매해 7~9%에 머무를 것으로 예상했다. 그리고 또한 디스플레

이 수출이 2021년 2분기 들어 다시 증가세로 돌아섰다. 4월 14억 2,800만 달러로 전년동월대비 43.5% 증가했고, 5월은 15억 2,300만 달러로 전년 동월대비 38.6% 증가했다. 그리하여 특히 디스플레이의 경우 하반기가 계절적 성수기 이기 때문에 올해 전체 연간 디스플레이 수출은 4년만에 반등할 것으로 하반기 디스플레이 시장을 전망한다.

중국 액정표시장치(LCD) 기업들이 8세대 생산능력에서 한국 디스플레이 기업을 추월하면서 17년만애 한국은 1위를 내줬다. 그래서 한국 디스플레이 산업계는 중국의 추격을 따돌리기 위해 정부의 파격 지원이 절실하다고 본다. KDIA에 따르면 2025년까지 5년간 삼성·LG디스플레이 등 국내 디스플레이 기업은 설비투자에만 약 30조원을 쏟아부을 예정이다.

코로나 19 장기화로 전자기기 수요가 높아지면서 관련제품의 OLED 탑재도 늘어날 전망이다. 중소형 OLED 분야에서 삼성디스플레이가 선두를 달리고 있으며 **삼성디스플레이**는 삼성전자 스마트폰에 이어 에플에도 OLED패널을 공급하면서 한때 중소형 OLED 점유율 90% 이상을 차지하는 등 독점 체재를 유지했다. 하지만 최근 LG디스플레이와 BOE 등 경쟁업체들의 중소형 OLED 기술 개발로 삼성디스플레이의 스마트폰 점유율은 77%까지 하락했다. 이같은 상황에서 아이패드 OLED 탑재가 되면 삼성디스플레이 의 중소형 OLED 점유율도 올라갈 것으로 보이며 노트북용 OLED 판매량이 전년보다 5배 이상 늘어날 것으로 전망하고 있다. 또한, 폴더블폰 시장도 확대되고 있는 점도 삼성디스플레이의 OLED 점유율 확대

에 큰 보탬이 될 전망이다.

한편, **LG디스플레이**는 적자 발표와 동시에 그동안 캐시카우 역할을 했던 LCD에 대한 투자를 줄이고 차세대 디스플레이인 OLED(유기발광다이오드)로 사업 방향을 전환하는 승부수를 던졌다. 코로나19로 인한 가전과 IT제품의 수요가 급증하고 유리기판과 구동칩 공급 부족으로 수급 불균형이 일어난 것이 가격 상승의 요인으로 꼽힌다.

그러나 오는 하반기에는 더 이상 폭발적인 LCD 패널 가격 상승세는 없을것이라는 전망이 나온다. 그리고 또한 LG디스플레이의 하반기 실적 전망은 긍정적으로 평가 되고 있으며 대형 OLED 수요가 높아지고 있어 올해 전체 매출 중 OLED 비중이 30%를 웃돌 것이며, 목표주가는 3만5000원을 그대로 유지한다.

시장조사업체 옴디아에 따르면 중국 디스플레이 업체 BOE는 올해 15%에서 내US 27%로 12%포인트 성장할 것으로 전망된다. 2018년 점유율 5%를 기록한 후 매년 2배 가까운 점유율 성장세를 보이고 있는 것이다. BOE는 현재 중국 청두와 면양에 6세대 OLED 생산라인을 각각 운영하고 있는데, 신규 생산라인의 시험 가동을 거쳐오는 10월 가동을 시작할 계획이다. 또한 BOE는 충칭에 2단계와 3단계 생산라인 증성하고 있는데, 3단계 증설까지 마무리 될 경우 BOE의 중소형 OLED 연간 생산능력은 최대억 4500만대가 된다. 이는 LG디스플레이 의 연간 생산능략인 1억 800만대의 3대가 넘는다.

여기에 BOE, 차이나스타, HKC 등 중국 업체들이 새로 지은 공장에서 LCD를 쏟아내고 있어 가격 하락과 점유율 하락하였다.

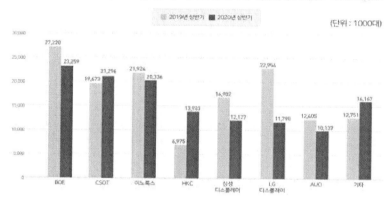

세계 LCD 패널 출하량

이처럼 삼성디스플레이와 LG디스플레이가 OLED 생산능력 투자에 집중하는 이유는 LCD 시장에서 중국 기업들이 공급 과잉을 주도하고 있는 가운데 전방 산업의 TV, PC, 모바일 수요는 부진을 거듭하고 있기 때문이다. 더는 시장에서 수익성을 담보하기 어렵다는 판단이 깔렸다.

반면, OLED의 경우 한국과 중국의 기술 격차가 존재하기 때문에 LCD 시장처럼 단기간에 시장을 빼앗길 가능성은 적다. LCD의 경우 부품 조립 의존도가 상대적으로 높지만, OLED는 유리 또는 플라스틱 기판 위에 유·무기 재료를 증착해야 해서 기술적으로 어렵고 후발업체 입장에서는 LCD 수준의 황금 수율(98%)에 도달하기 어렵다.

이처럼 현재 시장동향은 중국의 LCD 과잉공급으로 인해 한국기업들이 발을 빼고 있는 실정이며, 기술면에서 우월한 OLED로 방향을 바꿔서 진입하고 있음을 알 수 있다. OLED 조명패널은 에너지 절약형, 친환경이라는 특성을 갖고 있을 뿐만 아니라 얇고 가벼우며 투명하거나 구부림이 가능한 제품도 개발되고 있으며, 차세대 조명산업을 이끌어 나갈 녹색성장의 동력원으로 주목받고 있다.

나) 플렉시블 OLED

'플렉시블 OLED'란 접거나 둘둘 말 수 있는 차세대 디스플레이다. 플렉시블 OLED 혁명의 근간에는 소재의 전환이 있다. 전통적인 OLED, 일명 '리지드(딱딱한) OLED'는 디스플레이 하부기판과 보호역할을 하는 봉지재료가 유리다.

하지만 플렉시블 OLED는 유리 기판 대신 하부기판에 PI(폴리이미드)를 사용한다. 유리 봉지 대신 얇은 필름인 박막봉지

플렉시블 OLED(출처: 삼성전자)

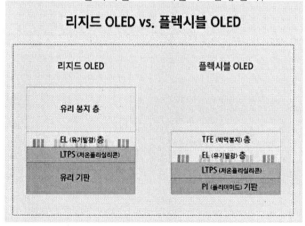

리지드OLED와 플렉시블 OLED

(TFE)가 활용된다. PI는 일종의 플라스틱 소재로 유연성을 갖
추고 있으면서도, 유리처럼 그 위에 유기물 층을 쌓을 수 있
다. TFE는 기존의 유리를 대신해 유기 발광층 상단을 덮어
공기와 습기를 막아주는 역할을 함과 동시에 유연성을 살렸

다.

　플렉시블 OLED의 적용 대상은 스마트폰뿐만 아니라 손목시
계, 샤이니지(디지털 전광판), 안경 형태의 웨어러블 스마트기
기, HUD 등 자동차용 디스플레이등 다양한 분야에 적용되었
다.

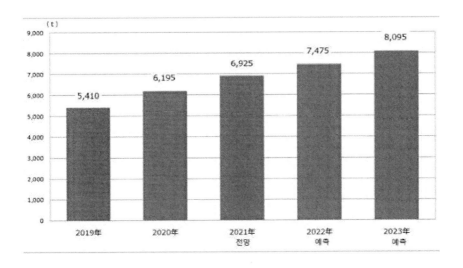

플렉시블 OLED 시장규모 전망

　현재 세계에서 **소형 플렉시블 OLED** 디스플레이 패널을 개
발 중에 있다. 이에 전문가들은 플렉시블 패널 시장이 본격적
인 개화기를 맞을 것으로 보고 있다. 점차 플렉시블 패널을
활용한 스마트폰과 스마트워치의 출시가 늘 것으로 예상되기
때문이다.16)

시장조사업체 유비리서치에 따르면, 플렉시블 OLED의 전 세계 시장 점유율은 2019년 기준 약 22조 4700억에서 2023년 40조 1750억원 1배 가까이 급성장할 전망이다.

---

16) 자료 : 파이낸셜뉴스, 플렉시블 OLED패널 시대 임박, 2015.

다. OLED기술개발 동향

1) 국내

가) 삼성 디스플레이

(1) 플렉시블 OLED

플렉시블 OLED가 디스플레이 시장에서 급부상하고 있는 가운데 삼성이 좀처럼 **깨지지 않는 플렉시블 OLED** 윈도우를 개발해 화제다.[17]

현재 상용 플렉시블 디스플레이는 깨지지 않는 플라스틱 기판을 사용하지만, 유리소재의 커버 윈도우가 문제다. 외부로부터 강한 충격을 받으면 커버 윈도우가 깨지기 때문이다.

이에 삼성디스플레이는 깨지지 않는 스마트폰용 OLED 패널을 개발, 미국 산업안전보건청 공인 시험 및 인증기관인 UL로부터 인증을 받았다고 밝혔다.

삼성디스플레이는 플렉시블 OLED 패널에 플라스틱 소재의 커버 윈도우를 부착해 기판과 윈도우 모두 깨지지 않는 완벽한 '언브레이커블(Unbreakable)' 패널을 완성했다고 설명했다.

---

17) 삼성, 안깨지는 플렉시블OLED 개발…"응용분야 무궁무진"/위클리 오늘

삼성디스플레이는 2007년 세계 최초로 OLED 양산을 시작했고 첨단 기술인 플렉시블 OLED 개발과 양산에서도 글로벌 선두를 지켜오고 있다며 중소형 OLED 패널 시장에서 초 격차 기술 리더십을 확고히 하고 있다고 전했다.

지난해 전체로 보면 삼성디스플레이는 플렉시블 OLED를 2억 580만대 출하했다. 대부분 스마트용이다. 지난 2019년 보다 45.1% 많다. 하지만 출하량 비중은 감고하면서, 이 기간 51.5%의 비중을 차지해 저년 같은 기간보다 6.6%p 줄었다.

(2) 차량용 OLED

최근 삼성은 차량용 OLED 시장의 성장세에 주목하고 있다. 중소형 OLED 시장이 매우 빠른 속도로 성장하고 있는데, 이는 전기차의 보급과 관련이 높다는 것이다.

현재 10만대정도로 추산되는 차량용 OLED 탑재량도 2년 뒤인 2020년에는 100만장으로 성장하였으며, 2022년에는 300만장 이상으로 성장할 것이라는 예상도 더해졌다.

또한 OLED가 LCD보다 50%나 전력소모가 적어 배터리 소모를 줄여야하는 전기차에 유리한데다 응답속도가 빠르고 휘어지는 디자인 등이 가능하다는 점 등이 이런 전망의 근거다.

차량용 OLED 시장의 급성장은 현재 2차 전지를 제조하면

서 OLED 소재까지 생산하는 삼성SDI의 삼성 그룹 내 존재감을 더욱 높여주고 있다.[18]

따라서 삼성디스플레이는 미국 LA 컨벤션센터에서 국제정보디스플레이학회(SID)가 주최하는 'SID 2018' 전시회에 참가해 미래 성장 동력으로 불리는 차량용 디스플레이 제품을 대거 선보인바 있다.

삼성디스플레이는 롤러블 중앙정보디스플레이(CID), S-커브드 CID를 비롯해 운전자의 안전을 고려한 언브레이커블 디스플레이와 입체형 디지털 계기판에 적용할 수 있는 무안경 3차원(3D) 디스플레이까지 미래 자동차의 핵심부품이 될 차량용 플렉시블 유기발광다이오드(OLED)를 다양하게 소개했다.

롤러블 CID는 삼성디스플레이의 플렉시블 OLED 기술력이 집약된 제품으로 롤링 정도에 따라 화면의 크기를 최소 9형에서 11.8형, 최대 14형까지 3단계로 조절할 수 있다. 또한 터치만으로 내비게이션, 음악 감상, 웹서핑 등 다양한 기능을 간편하게 조작할 수 있다.[19]

나) LG 디스플레이

LG화학 유기발광다이오드(OLED) 조명사업부가 LG디스플레이로 통합되었다.

---

18) 전장사업 숨은 보석된 '삼성SDI'/한국경제TV
19) 삼성디스플레이미래성장 동력 '차량용 OLED' 대거 전시/파이낸셜뉴스

LG그룹은 차세대 성장 동력으로 OLED 사업을 지목했는데, 계열사로 분산되어 있었던 OLED 사업 역량을 합쳐 사업 확대 등 시너지 효과를 극대화하겠다는 계획이다.

따라서 LG그룹은 LG화학 OLED 조명사업부를 LG디스플레이로 통합 이관을 결정했다. 연내 통합을 마무리 짓고 관련 사업전략도 재편했다.

사업부 이관을 추진하게 된 것은 OLED 소재 구매와 사업전략 로드맵, 기술력 등에서 LG디스플레이로 단일화 하는 것이 유리하다는 판단 때문이다. 따라서 현재 LG화학 OLED조명사업부는 정보전자소재 사업부문에 속해 있다.[20]

(1) 폴더블 OLED

LG디스플레이가 폴더블 스마트폰용 패널 생산에 합류할 예정이다. 삼성디스플레이와 BOE가 폴더블 패널 생산 준비에 나선데 이어 LG디스플레이도 시장 선점 경쟁에 뛰어든 것이다.

업계에 따르면 LG디스플레이는 2019년 폴더블 유기발광다이오드(OLED) 패널 생산을 목표로 글로벌 기기 제조사와 협력하고 있다. 구체 회사는 알려지지 않았으나 오랫동안 협력해 온 구글, 마이크로소프트와 샤오미 등 중국 스마트폰 제조

---

20) LG화학 OLED조명사업부, LG디스플레이로 통합…시너지 효과 기대 /etnews

사가 가능성 있는 후보로 거론되고 있다.

LG디스플레이는 지난 수년간 폴더블 패널을 개발해왔다. 삼성디스플레이보다 6세대 플렉시블 OLED 패널 기술이 뒤처져 있고 폴더블 기술 완성도도 아직 낮은 것으로 알려져 있다. 하지만 중국 경쟁사 추격을 따돌리고 선두인 삼성디스플레이와 격차를 좁히기 위해 폴더블 패널 개발에 공을 들여왔다.

LG디스플레이는 완성도 높은 폴더블 패널을 개발하기 위해 새로운 기술을 시도 중이다. 유기물을 산소와 수분에서 보호하기 위해 얇은 막을 여러 겹 씌우는 박막봉지 공정에 기존 화학기상증착(CVD) 기술이 아닌 새로운 원자층증착(ALD)을 도입하는 방안을 검토하고 있다고 밝혔다.[21]

② 대형 OLED

LCD 시장의 중국발 공급 과잉으로 패널 가격이 예상보다 급격히 하락한 가운데, LG디스플레이는 'LCD 출구전략'으로 대형 OLED에 '선택과 집중'을 하기로 했다.

김상돈 LG디스플레이 최고재무책임자(CFO)는 콘퍼런스 콜에서 "모바일 시장의 불확실성으로 2020년까지 LCD 투자 규모를 3조 원 축소하겠다"고 밝혔다. 2020년까지 OLED 분야에 투자하기로 한 20조 원은 그대로 유지하되 LCD 투자 규

---

21) LG디스플레이도 폴더블 패널 만든다...내년 생산 '도전'/etnews

모는 줄인다는 것이다.

이에 따라 경기 파주 10.5세대 LCD 공장은 곧바로 OLED 생산체제로 전환하기로 했다. 중국 8.5세대 OLED 공장과 함께 대형 OLED 시장에 대응하겠다는 것이다. 기존 8세대 LCD 라인도 OLED로 전환할지는 연내에 결정할 방침이다. LG디스플레이는 생산체제 전환을 통해 OLED 대형 패널 판매 계획을 올 2분기 OLED TV 패널 출하량이 전분기보다 성장한 200만대 수준에 달할 것으로 보고 있다.

이에 LG디스플레이의 상반기 대형 OLED 판매량은 350만대 이상을 기록할 전망이며 앞서 LG 디스플레이는 올해 대형 OLED 판매량 800만대를 달성할 계획이라고 밝힌바 있다.

디스플레이업계에서는 LG디스플레이가 2013년부터 대형 OLED 설비 투자를 많이 늘려왔기 때문에 중소형 OLED보다 대형 OLED로 승부수를 띄우려는 것으로 해석하고 있다.

중소형 OLED는 삼성디스플레이가 세계 1위로 삼성디스플레이 전체 매출의 70% 이상을 차지하고 있다. 이에 LG디스플레이는 중소형 OLED 분야는 '팔로어' 입장이다 보니 투자를 보수적으로 할 수밖에 없다며 대형 OLED 수율을 어떻게 올릴지가 관건이라고 말했다.[22]

③ 아이폰용 OLED

---

[22] LCD값 폭락에 적자 커진 LGD "대형 OLED 집중"/dongA

애플은 아이폰X 화면에 들어갈 디스플레이 공급처로 LG디스플레이를 선정했다고 밝혔다. 불룸버그통신에 따르면 애플은 LG디스플레이를 두 번째 공급사로 결정하면 비용 절감 효과를 거둘 수 있을 것으로 내다봤다.

애플은 그동안 아이폰용 유기발광다이오드(OLED)는 삼성디스플레이 한 곳에서 공급받았다. 삼성디스플레이가 OLED를 독점 공급하면서 가격 프리미엄이 붙었다고 블룸버그통신은 전했다. LG디스플레이가 공급하는 물량은 내년 TV용 OLED 공급량아 1천만 대까지 늘어 날것으로 전망이다.[23]

다) DMS

DMS 사는 디스플레이와 태양광 제조에 필요한 습식장비를 생산하는 업체로서 2010년부터 독자적으로 OLED 광원과 조명 개발을 시작하였다. 사용자에게 쉽게 다가갈 수 있도록 버티컬 타입 보조조명 디자인 및 워킹 목업을 제작하여 광량을 조절하고, 보조조명으로 활용할 수 있도록 연구하였으며 DMS사는 장비 제조기술을 강점으로 증착 장비를 독자적으로 제작하여 사용하고 있다.

OLED 광원 제조비용을 절감하기 위한 방편으로 보조전극을 스퍼터링 방식으로 성막 시에 마스크를 사용하여 스퍼터링과 보조전극 패터닝을 동시에 하는 방식 개발 중에 있다.

---

23) LG디스플레이 내년 OLED 1천만대 공급/아이뉴스

DMS의 2017년 1분기 실적은 국내 및 중국 업체들의 OLED 투자 확대와 플렉서블 OLED 장비 공급, 초대형 디스플레이라인 투자 등으로 호조세를 지속하였다.

이어 2017년 국내 및 중국 디스플레이업체들이 플렉서블 OLED 투자를 대규모로 진행하면서 크게 수혜를 받았으며, 또한 주요 고객사 의 대형 투자 계획과 OLED 전환 가속화로 상장을 지속할 것으로 예상했다. 국내 및 중국 고객사들의 OLED 투자 확대, 가속화는 이익률 증가로 이어질 것이라는 의견이면서 2020~2021년은 OLED장비 매출이 LCD를 넘어서눈 원년으로 OLED 장비 회사로의 도약이 전망이면서 이로인해 DMS의 실적 및 가치 상승으로 이어질 전망이다.

라) 위지트·핌스

디스플레이 및 반도체 제조용 핵심부품 전문기업 위지트가 OLED Mask 전문 제조업체인 주식회사 핌스(옛 엠더블유와이)의 지분 13.7%(특수관계인 포함시 25.7%)를 취득하여 신규 사업에 진출하게 되었다고 밝혔다.

위지트는 핌스와의 전략적 사업제휴로 신규매출 창출 등 신성장 동력을 확보하게 되었다고 말했다. 주식회사 핌스는 기술주도 성장 동력을 갖춘 벤처기업이다.

핌스는 OLED 패널 공정에 필수적으로 사용되는 부품인

Open Mask 전문업체로 국내 OLED Mask 제조사 중 유일하게 Mask 인장 제조에 관한 특허를 보유하고 있다.

특히 핌스가 독자적으로 개발한 F-Mask는 RGB층을 증착해서 FMM(Fine Metal Mask)을 부착하기 위한 Mask로써 FMM Mask 부착시의 문제점인 처짐, 패턴변화, 변형 등을 획기적으로 줄일 수 있어 새로운 개념의 Mask로 각광받고 있다.

위지트 관계자는 "핌스는 LG디스플레이와 중국 BOE, CSOT, GVO 및 일본 JDI, SHARP 등에 제품을 공급하고 있으며, 2018년 150억 이상의 매출을 예상하고 있고 2020년에는 500억 이상의 매출을 전망하고 있다"고 말했다.

또한 위지트는 20년 이상된 디스플레이 핵심부품 표면처리 제조기반 경험을 바탕으로 OLED 패널 공정중 TFE(Thin Film Encapsulation) 박막봉지에 사용되는 Open Mask 아킹방지용 신규 표면처리 기술 개발에 성공했다고 밝혔다.

위지트는 Mask를 부착하기 위한 필수 부품인 Frame 생산을 위한 신규공장 매입 을 이미 완료하였고 설비투자를 진행 중에 있다고 밝히며, 2018년 하반기부터는 핌스와 긴밀한 상호 협력을 통해 Mask Frame 및 표면처리 신규 매출이 발생하였다.

2) 해외

OLED 와 관련되어 디스플레이 메이커, 재료, 장비 및 반도체 업계 등 전 세계적으로 약 100여 개의 업체가 참여하고 있다.

가) 일본

(1) JOLED

JOLED는 일본의 민관펀드 '산업혁신기구'의 지원을 받아 OLED를 개발하는 회사다.

JOLED는 OLED 패널 제조비용을 줄일 수 있는 '인쇄식' 기술을 사용해 양산화에 나서고 있다. 이 방식은 발광 재료를 프린터처럼 미세하게 칠하는 것이 특징으로 OLED 선두주자인 삼성의 '증착 방식'보다 초기 투자비용이 저렴하며 재료 손실이 적어 생산비를 30~40% 낮출 수 있다.
따라서 이러한 기술양상을 위해 JOLED는 일본 기업 4군데로부터 출자를 받았다고 밝혔다.

4개사의 출자액은 총 470억엔(약 4744억원)으로 이 중 대형자동차부품제조사 덴소가 300억엔, 대형상사인 토요타상사가 100억엔을 출자했다. 스미토모(住友)화학과 반도체제조장치제조사 SCREEN홀딩스도 출자에 참여했다. 지원받은 금액은 이시카와(石川)현 노미(能美)시에 있는 생산거점에 투자되었다.

이시카와 현 노미 시 공장은 전용 설비를 도입해 2019년부터 생산을 시작하였다. 이 공장에서는 재팬디스플레이가 애플의 아이폰용 액정 패널을 생산하고 있는데 연내 생산이 중단되며 JOLED가 공장을 물려받게 된다.[24]

(2) 소니

소니는 대규모 선행 투자로 2001년 초 세계 최초로 13 인치 AM OLED 를 개발하여 발표한 일본기업이다.

소니는 2017년, 3000달러 이상의 고가 OLED TV 시장에서 처음으로 1위를 차지하는 등 일본 TV 제품이 대형 스포츠 특수와 맞물려 판매가 급증하고 있다.

---

24) 재팬디스플레이, 삼성 아몰레드에 도전장…일본 첫 OLED 양산 위해 1000억 엔 증자 /이투데이

올해 상반기 북미 TV 시장 점유율 (단위:%)
기타
하이센스
비지오
소니
TCL
삼성전자
6.6 6.4
9.5
10.0
10.3
36.3
20.9
LG전자
※금액 기준 점유율
자료:옴디아

OLED 시장점유율

　시장조사업체 옴디아에 따르면 세계 OLED TV 시장에서 올해 상반기 삼성전자와 LG전자가 중국 업체들을 제치고 50%의 점유율을 달성했다. 코로나 19확산 등으로 2분기 판매량이 1분기보다 다소 줄었으나 상반기 전체로는 코로나 이전 수준보다 판매가 늘었다.

　따라서 매출 기준으로 삼성전자가 36.3%의 점유율로 1위 자리를 지켰고 LG전자가 2위로 20.9%을 기록해 우리 기업이 전체 TV 시장 점유율을 차지하였고 , 그 뒤로는 중국의 TLC 가 10.3%, 일본의 소니가 10.0%, 비지오가 9.5%를 큰 격차로 제친 것이다.

　특히 소니는 2016년만 하더라도 OLED TV 시장에서 점유율 0%였으나, OLED 초고가 TV 시장에서 173%가 증가하며 10% 점유율을 확보 하였다.25)

---

25) OLED 앞세운 일본TV, 화려한 부활 노린다/디지털타임스

(3) 스미모토화학

스미토모화학, 쇼와덴코 등 일본 소재 업체들이 휘는 OLED 패널을 앞 다투어 출시하고 있다. 스미토모화학은 특수 잉크를 사용한 투명 폴리이미드(PI) 필름을 개발했다. 색이 바뀌지 않고 투명도가 높은 장점이 있지만 쉽게 상처가 난다는 단점이 있다. 니혼게이자이 에 따르면 지난달 31일 100억엔(약 1054억원) 이상을 투자해 한국에 새로운 공장을 세우고, 2024년부터 감광재 생산을 시작할 예정이라고 보도했다.

(4) 쇼와덴코

쇼와덴코는 손끝의 조작을 감지하는 터치 센서 필름을 개발했다. 은을 이용한 소재로 기존에 인듐주석산화물(ITO)을 이용한 데서 더 발전한 것이다. ITO는 투과성이 우수했으나 재료가 비싸고 쉽게 부서지는 것이 단점이었다. 터치 패널용 센서 제조업체 니샤도 비슷한 소재의 필름을 개발 중이며 중국과 한국에서 점유율 확대를 노리고 있다.

(5) 우베흥산·가네카

우베흥산과 가네카 역시 휘는 OLED 소재인 필름을 개발하는 데 본격 착수했다. 이들 업체는 현재 한국과 중국의 패널 업체에 공급을 시작했다. 이들은 투명 폴리아미드(PI)를 가공해 내열 온도가 섭씨 400~500도에 달한 정도로 내열성이 강한 제품을 만들어냈다. 우베흥산은 삼성전자에 공급 물량을

확대하였다.26)

나) 중국

중국은 최근 막대한 가격 경쟁력으로 LCD(액정표시장치) 시장을 장악했고, 차츰 이를 OLED(유기발광다이오드) 시장까지 뻗치고 있다.

업계에 따르면 한국과 중국 간 OLED 제조 기술격차는 3~5년 선으로 벌어져있고, 중국 업체들의 OLED 수율은 20~30%대로 낮지만 중소형 OLED 시장에서 중국의 추격이 심상찮다고 전했다.

중국은 BOE를 필두로 GVO·티안마·EDO 등이 중소형 OLED 투자에 공을 들이고 있다. 유비리서치에 따르면, 올해 1분가 중소형 OLED 시장에서 삼성디스플레이는 83.3%의 점유율을 확보하면서 여전히 시장 최강자의 입지를 자랑하고 있으며, 2위는 중국의 BOE 5.2%의 점유율이다. 하지만 삼성디스플에가 여전히 압도적인 점유율로 시장을 좌우하고 있으나 2위, 4위, 5위가 중국의 BOE, 차이나스타 비자녹스 모두 중국기업이다.

특히, BOE는 세 번째 중소형 OLED 라인인 6세대 OLED 공장 'B12'를 중국 충칭에 구축하고 있으며 LTPO, TFT 제품까

---

26) 日 신소재 업체들, 플렉서블 OLED 사냥 나선다/이투데이

지 아우르는 포트폴리오에 올해 1만 6,000장을 생산한다는 각오이다.

또한 중국이 당국의 강력한 지원 나아가 방대한 내수 시장을 바탕으로 단숨에 중소형 OLED 시장을 석권할 것이라는 우려가 나오고 있다. 최근 일본 니혼게이자이 신문에 따르면, 현재 중국은 애플 최대 공급업체로 등극했으며 이러한 추세가 더 강해질 경우 중소형 OLED 시장이 중국 일색이 될 것이라는 전망이다.

27)

(1) BOE

BOE는 2017년 쓰촨(四川)성 청두(成都)에서 OLED 신공장을 가동했다. BOE는 현재 중국 청두와 면양에 6세대 OLED 생산라인을 각각 운영하고 있는데 지난해까지 생산 수율은 80%를 넘기지 못한 것으로 알려졌다. 지난해 연간 출하량은 전체 생산 능력 7200만대의 절반에 불과 했고, 자체 목표치인 4000만대에도 미치지 못했다. 따라서 BOE는 오는 10월 충칭에 1단계 생산라인 건설을 마무리하고 본격 가동에 들어간다는 계획이고 동시에 2단계, 3단계 생산라인을 네냔 3월, 10월에 가동할 전망이다.

---

27) LCD 삼킨 中 디스플레이, 이제 OLED로/아이24뉴스

(2) 비저녹스

비저녹스는 OLED 전문 업체이다. 1996년 중국의 명문 칭화(淸華)대학이 설립한 OLED 프로젝트팀이 전신이다. 2001년 창업한 벤처기업이지만 장쑤(江蘇)성 쑤저우(蘇州)의 자사 공장에서 OLED의 안정적인 양산에 성공, OPPO 등 중국 스마트폰 제조회사에 공급하기도 했다.

비저녹스에 따르면 약 6000명의 기술자를 보유하고 있으며 OLED 관련 특허도 이미 3500건 이상을 취득했다. 신공장 내 기술전시실에는 미 애플의 '아이폰X'과 비슷한 OLED를 채용한 스마트폰과 곡면 형태의 차량용 패널을 전시하며 기술력을 과시하고 있다.

비전옥스는 허베이(河北)성 랑팡(廊坊)시 구안(固安)에 건설한 OLED 신공장의 가동을 시작했다. 이 공장은 양산이 궤도에 오르면 연간 6000만장의 스마트폰용 OLED를 생산할 수 있다. 지방정부의 보조금 등을 지원받아 262억위안(약 4조 5000억원)을 투자했다. 그러므로, 비전옥스는 향후 제품군을 중형 노트북, 마이크로 LED, 차량형 디스플레이 분야로 점차적으로 확장할 계획이라고 밝혔다. 이와 관련해 고주사율, 언더 디스플레이 카메라, 제로 베젤, 플렉시블 디스플레이 등을 통합한 14"형 아몰레드 초박형 디스플레이를 적용한 '비전옥스 플렉시블 아몰레드 노트북 솔루션'이 기존 노트북 생태계에 새로운 활력을 불어넣었다고 밝혔다. 더불어서, 한편 비전옥스 마이크로 LED 의 양산 솔루션은 독자적인 혁신 연구를

통해 개발한 구동 알고리즘, 대량 전사 기술, 모듈 폼, 박막 트랜지스터(TFT) 백 플레이트 으로 선보일 예정이다.[28]

(3) CSOT

TCL 그룹 패널 자회사인 CSOT(華星光電)도 후베이(湖北)성 우한(武漢)에서 비저녹스와 같은 규모의 공장을 건설 중이며, NEC 패널 부문을 인수한 텐마마이크로전자(天馬微電子)도 우한에서 공급하면서 세상에 알렸다.

다) 대만

(1) 대적전(TSMC)

미국 애플이 대만 반도체 메이커 TSMC와 최첨단 디스플레이 개발에서 공조한다고 닛케이 아시아에 의해서 보도됐다. 이에, 아이폰 프로세서를 애플에 독점 공급하는 TSMC는 자사 대만 설비를 통해 애플과 마이크로 OLED 디스플레이 개발에서 공조하였다.

그리고 또한, 신제품이 차세대 AR 기기에 쓰일수 있으며, TSMC는 이와 함께 애플이 맥 컴퓨터용 중앙 처리 장치를 내부 디자인하는 것도 지원하기로 하면서 애플이 TSMC와의 파트너십 강화를 통해 다른 주요 공급사들에 대한 의존을 줄일

---

28) 중국 OLED, 삼성 추격...비저녹스·BOE, 중소형 OLED 양산 착수/뉴스핌

전망이라고 보도 하였다.

(2) 폭스콘

폭스콘은 LCD 패널을 집중적으로 생산하면서 2010년대 이후부터는 디스플에이 반도체등으로 사업 다각화에 나서고 있다. 대만증시에 TSMC에 이어 시가총액 2위에 위치하고 있다.

또한 폭스콘은 2021년 현재는 샤프,HMD 글로벌에 스마트폰을 공급하고 있다. 중소형 OLED 패널을 300만 장 이상 출하하고, 2025년까지 1040만 장까지 늘릴 전망이다. 이러한 폭스콘의 자신감은 '샤프(Sharp)'에 있다. 샤프는 샤프 아쿠오스 폰 시리즈의 내부설계와 디자인이 인수 전과는 이질적으로 변한 것과 더불어 샤프 Z3이 한국에 TG앤컴퍼니 Luna S로 발매되기까지 했는데도 불구하고 이에 대한 일언반구의 언급이 없다. 예외라면 판매사인 KT테크 측에서 직접 폭스콘 ODM 제품임을 밝힌 스마트볼 정도 뿐이다.[29]

라) 미국

(1) 유니버셜 디스플레이

미국 유니버셜 디스플레이는 현재 OLED 핵심 원천 특허 대부분을 보유한 세계에서 파급력이 가장 큰 회사라고 할 수 있

---

29) 폭스콘- 나무위키

다.

1994년에 설립되어 길지 않은 역사를 가졌으며 시 총 70억$
(한화 약 8조원)규모이며, 현재 전 세계적으로 4200건 이상의
특허에 대한 독점권을 소유하고 있다. 또한 스마트폰 시장에
서 디스플레이 중심을 LCD에서 OLED로 이동시킨 바 있고,
TV시장에서 또한 OLED 영역을 확대시키는데 앞장서고 있다.
이 기업의 주요 수입원은 '로열티'와 '라이선스' 비용이다.
2017년 1분기에 87%의 매출 성장, 2분기에는 로열티와 라이
선스 비용으로만 약 550억원의 수익을 기록한 바 있다.[30]

(2) 코히런트

OLED 레이저 재료를 공급하는 미국 코히어런트는 앞으로
OLED 레이저 재료와 장비 공급이 부족해질 것으로 보고
2016년 창사 이래 최대 규모로 설비를 투자해 생산능력 확대
에 나선 바 있다.

마) 유럽

(1) 필립스

Philips(네덜란드)는 고분자 발광물질과 이를 이용한 디스플
레이 개발을 추진 중인데 고분자 OLED 를 PolyLED 라고 부

---

30) 독보적인 OLED 특허 보유기업, 미국 '유니버셜 디스플레이'/한국경제
   TV

르며 전기면도기에 적용하여 시판하고 있다. SID2004 에 잉크젯 프린팅 방식으로 제작한 13 인치 Full-color AM OLED TV를 발표하였다.

이어 필립스가 국내에 유기발광다이오드(OLED) TV를 선보인다. 외신 업체에 따르면 2017년 12월 뱅앤올롭슨에 이어 두 번째이며 국내에 보다 다양한 가격대의 제품이 선보이게 됐다는 점에서 의미가 있다.

또한, 이들 제품이 모두 LG디스플레이 패널을 사용하는데다가 필립스의 경우 대만 TPV로부터 제품을 공급받는데, 공사가 한창인 중국 광저우에 OLED 공장이 완공될 경우 보다 원활한 공급망관리(SCM)가 이뤄질 가능성이 크다.[31]

(2) 사이노라[32]

삼성과 LG가 동시 투자한 독일 유기발광다이오드(OLED) 소재기업 '사이노라'가 신물질을 공개했다. 이에 OLED 디스플레이 기술에 새장이 열릴지 주목된다.

업계에 따르면 사이노라는 최근 미국 로스앤젤레스에서 열린 '2018년 SID 디스플레이 위크'에서 고성능 청색 발광 물질 '이미터'(emitter)를 공개했다.

이미터는 OLED 패널의 전력 소모를 줄이고 해상도를 높이

---

31) 필립스 OLED TV 국내 상륙…LG디스플레이 '미소'/디지털데일리
32) '삼성·LG 점찍은' 독일 OLED 소재기업, 신물질 공개/글로벌이코노믹

는 데 필요한 물질이다. 그동안 디스플레이 제조사들의 공급 요청이 빗발쳤지만, 상용화에 성공한 OLED 소재기업이 없었다.

 이번 사이노라의 공개로 이미터 상용화에 대해 기대감이 높아지고 있는 셈이다. 현재 사이노라는 상용화 시기를 앞당기기 위해 주요 디스플레이 제조사들과 협력하고 있다.

IV.OLED 주식시장

4. OLED 주식시장

가. OLED 주식 이슈

(1) 아이폰 OLED 채택

미국 정보기술(IT)전문 매체 GSM아레나에 따르면 글로벌 스마트폰 제조사가 2018년 7월 말까지 생산한 스마트폰(웨어러블 기기 제외)은 총 206종 가운데 OLED 디스플레이를 탑재한 제품은 36종으로 집계됐다. OLED 디스플레이 채용 스마트폰 비중은 38.8%에 달한다.

최근 5G의 대중화와 코로나로 위축되었던 수요가 회복되는 펜트업 효과로 올해 전 세계 스마트폰이 시장이 회복될 것이라는 전망이 따라오고 있다.

글로벌 시장조사업체 TF에 따르면, 작년 대비 올해 스마트폰 판매량이 9% 성장해 13억 6,000만 대에 달할 것이라는 분석을 내놓았으며, IDC는 보급형 5G 스마트폰, 폴더블등의 화교上으로 스마트 평균 판매 가격이 상승해, 시장규모가 전년 대비 11.4% 성장할 것으로 전망했다.
이렇게 스마트폰시장 성장이 기대되면서 새로운 폼팩터의 프리미엄급 스마트폰을 비롯해 가성비 높은 보급형 제품들까지 점점 비중이 높아지는 OLED 스마트폰의 시장 확대 또한 기대되고 있다. 전 세계 스마트폰 시장에서 OLED의 매출 점유율이 꾸준히 증가하고 있다.

옴디아의 보고서에 의하면 애플이 21년 OLED 패널 스마트폰 업체가 될 것으로 전망하였다. 애플은 21년 1.69억대 구매하여 삼성의 1.57억대, 샤오미의 0.67억대 보다도 많은 OLED 패널을 구입한다. 또한 애플 의 채용률은 78%이며, 20년 OLED 패널은 4.566억대로 119년 4.71억대 대비 3% 감소하였다.

(2) 중소형 OLED 강세

스마트폰 시장에서 OLED 패널 비중이 LCD를 넘어섰다. 스마트폰용 OLED 시장은 현재 삼성디스플레이와 LG디스플레이 2개 회사가 전체 시장을 장악하고 있다.

시장조사기관 옴디아에 따르면 중소형 디스플레이 패널 시장에서 스마트폰용 OLED의 점유율 전망치는 OLED매출이 2018년 197억 달러에서 2020년 241억달러로 매년 증가하면서, 자난해 시장 점유율 또한 58.3%를 차지한 것으로 분석했다.

또한, 올해 1분기 스마트용 OLED매출은 총 73.8억 달러 로 전년 동기 대비 크게 증가해, 시장 점유율 역시 LCD를 크게 앞지른 64.6를 차지할 것으로 전망되는 등 점점 스마트폰 시장에서 OLED 시장 성장이 가속화 될 것으로 분석 되고 있다.[33]

(3) 국내형 OLED 강화

국내 디스플레이 산업이 점차 강화되어갔다. LG디스플레이는 2021년 2분기 영업이익이 7100억원으로 올려서 영업 흑자로 전환되어 져갔다고 밝혀졌다. 업계에 따르면 삼성디스플레이의 2분기 영업이익은 3.952억원으로 집계되었지만, LCD(액정표시장치)의 경우 패널 판매단가가 급격하게 하락하며 실적에도 영향을 미쳤다.

이유는 중국이다. 중국의 디스플레이 기업들은 막대한 자본금으로 대규모 투자를 이어가고 있다. 이후 저가정책을 내세워 글로벌 시장을 장악하기 시작했다. 단기적인 수익 대신 장기적인 점유율 확대를 노린 전략이다. 이에 국내 디스플레이 제조사들은 OLED패널 개발에 집중한다는 계획이다.

이미 폭락한 LCD시장에서 발을 **빼**는 동시에 OLED 사업 전환에 박차를 가할 예정이다. 업계에 따르면 현재 한국과 중국의 OLED기술 격차는 3년 이상이다.

여기서 관건은 '정부의 역할'이다. 중국 정부는 현재 막대한 지원을 통해 디스플레이 산업을 키우고 있는 중이다. 따라서 한국 정부도 OLED 기술개발을 위한 아낌없는 지원을 보태야 국내 디스플레이 산업이 앞질러 성장할 수 있게 되는 것이다. 이에 산업 통상자원부는 신 성장 분야의 R&D 세액공제 혜택을 검토 중이다. 세액공제율은 최대 40%다.[34]

---

33) 지금은 OLED 스마트폰 전성시대 - 삼성디스플레이 뉴스룸
34) OLED에 걸린 한국디스플레이 운명/시사위크

나. 관련주 분석

1) 삼성SDI

삼성**SDI**

696,000 21.09.29

▼ 19,000 -2.66%　시가 : 700,000　고가 : 710,000　저가 : 695,000　거래량 : 129,102

19.12.27　시 : 229,500　고 : 233,500　저 : 222,500　종 : 233,000 ▲4,500 +1.97%　거래량 : 1,005,636

2021년도 삼성SDI 주가

삼성SDI(006400)가 목표주가는 상승했지만 주가는 하락하였다. 최근 삼성SDI주가는 전 거래일보다 4.57% 내려 75만 2000원에 거래되고 있다. 기관과 외국인의 매도세가 이어지면서 하락을 이끌고 있다. 이날 장시작 30여분 만에 기관은 삼성SDI 주식 58억 7800만 원, 외국인은 70억 5600만 원어치를 팔아치웠다.

앞서 지난 31일 삼성SDI 시가총액 기준 LG화학을 넘어 배터리 대장주에 올라 이목을 모았던 바 있다. 주가 하락애도 불구하고, 증권가에서는 삼성SDI 실적호전을 이유로 목표주가를 올렸다. 또한, 삼성SDI는 지난 2분기 연결기준 영업이익이 2,952억 원으로 지난해보다 184.35% 증가했다. 또 매출액은 지난해보다 30.31% 증가한 3조 3300억원, 순이익은 504.48% 증가한 2,883억원을 기록하면서, 증권사들에 따르면, 삼성SDI는 올해 연간 매출액 13조원, 영업이익 1조원을 넘길것이라고 전망했다.

단위:억원	2021.2Q	2021.1Q	2020.2Q
매출액	33,343	29,632	25,586
영업이익	2,952	1,332	1,038
영업이익률	8..9%	4.5%	4.1%
순이익(지배)	2,883	1,500	477
순이익률	8.6%	5.1%	1.9%

삼성 SDI 2021년 2분기 실적 추이

2) LG디스플레이

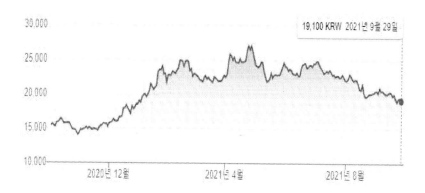

LG 디스플레이주가 추이

LG 디스플레이가 2021년 2분기 영업이익에서 지난해 비해 주가는 올랐지만 화학. 전자에 비해 미미하였다. 따라서 , LG 디스플레이는 LCD 가격인상과 OLED패널 출하량 확대에 힘입어 올해 역대급 실적을 기록 할 것으로 전망된다.

특히 매출은 30조원까지 기대할 전망이면서, 이같은 전망이 현실화 할 경우 LG디스플레이는 창사이래 최고 실적 올리는 등 신기록을 세우게 된다. 아처럼 전망이 나오는 이유는 애플 효과가 이어지는 데다 대형 OLED패널과 모바일 OLED등 여러 분야에서 LG디스플레이의 가파른 약진이 기대 되기 때문이다.
하지만 LG디스플레이의 주가는 계속 해서 걸음마 수준으로 머물고 있다. 이와 같은 대비를 하여 목표주가 상향 움직임이

조심스럽게 나오고 있다. LG디스플레이의 경우 올해에는 높은 실적이 전망되고 목표 주가 상향 관측도 나오는 가운데 투자자의 기대치를 어느 정도 충족시킬 수 있을지 LG디스플레이 경영진의 행보가 주목된다.

지난해 LG디스플레이는 7개 분기 만에 흑자 전환에 성공했고 올해는 LCD가격 강세와 OLED패널 수요가 증가하면서 높은 실적을 기대하고 있다. 금융정보업체 애프앤가이드에 따르면, LG디스플레이가 올해 영업 기준 영업이익을 지난해 비해 2조원 이상 늘어난 2조 1,760억원으로 예상했다. 그리고 또한 증권업계에서는 사상 처음으로 30조원의 매출도 가능하다고 보고 있다.[35]

3) 주성 엔지니어링[36]

주성 엔지니어링은 1995년 설립되었으며, 1997년에 국내 최초 반도체 전 공정장비 해외수출을 하였다. 녹색기술인증 "모듈 효율 10%이상의 실리콘 박막형 태양전지 제조기술"로 대만 넥스파워 태양전지용 단일장비 공급계약 체결을 하며, 세계 최초 차세대 반도체 장비 SDP CVD 장비 개발 및 특허 출원하여 시중에 출하하였다.

---

35) 'LG디스플레이 실적은 역대급인데 주가는 걸음마... 왜?/FETV

36) 자료 : 동부증권, OLED 두 번째 봄은 시작되었다, 2017

28.97

71.03

■ 최대주주등   ■ 공시제외주주

또한 주성 엔지니어링은 조명 관련 패널로 유명하지만, 혁신적인 기술은 사물인터넷(IOT) 및 미래 디스플레이 및 조명, 태양광 패널에 이르기까지 다양한 분야까지 뻗어 나가고 있으며 최근 1년동안 많은 성장을 하였다.

주성엔지니어링은 반도체 증착기술인 ALD(Atomic Layer Depostion)기술을 기반으로 올해 실적 반등을 노리며 지난해 수요 기업 투자 축소 등으로 주춤했던 ALD 징비 사업 매출을 상당히 끌어 올리면서 시장 우위를 확보할 전망이다.

주성엔지니어링의 주주 현황은 다음과 같다. 공시 제외 주주가 71.03% 이고 그 다음 대표이사의 지분율이 28.97%이다.

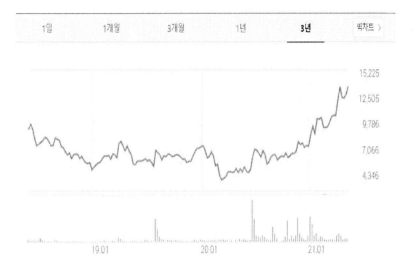

주성 엔지니어링 2021 주가 추이

　주성 엔지니어링의 2021년 1분기 매출액은 전년 동기 대비 113.9% 증가한 753억 원이며, 영업이익은 161억 원 당기순이익이 159억 원으로 흑자 전환했다. 지난 2020년 후반기부터 반도체에 따른 전방 고객사의 수요 증가가 지속 되면서 큰 폭의 실전 개선을 달성했다.

　또한 당사의 2분기 예상실적은 매출 773억 원으로 잔년 동기 대비 116.9% 증가하고 영업이익은 139억 원으로 흑자 전

환할 것으로 내다봤다.

연간 실적 컨센서스에 따르면, 매출액 3,350억 원으로 전년 대비 182.6%증가하고, 영업이익은 730억원 당기순이익은 540억 원으로 흑자 전환할 것으로 추정했다. 1분기 수주잔고(1,298억), 매출액(735억)으로 2,033억 원의 매출을 확보하면서 코로나 19로 어려웠던 실적을 만회할 것으로 전망된다.

4) 비아트론

2002년 연구소 설립 이래, 디스플레이 및 반도체 시장을 선도하는 세계적인 기술력을 확보하려는 노력 중에 있으며, OLED 디스플레이, 반도체, Flexible / Wearable 분야에서 빠른 속도로 발전하고 있다.

고속/고온 열처리가 가능한 Inline RTA 장비를 전 세계에 독점 공급하며 쌓은 다양한 고객 군과의 레퍼런스가 큰 장점이다. 특정 고객사의 발주에 의한 성장이 아닌 전방산업으로부터 전방적인 수혜를 가능하게 하였다. 2017년 고성장이 예상되는 중화권 수주로 인해 해외 고객사의 매출 비중은 약 70%수준에 육박할 것으로 예상되었다. 이처럼 다변화된 고객 군과의 레퍼런스로 인해 특정 고객사의 추자에 대한 의존도가 낮은 점에서 OLED 투자 사이클에서의 안정적인 수주의 원천이다.[37]

---

37) 자료 : 동부증권, OLED 두 번째 봄은 시작되었다, 2017

국내 OLED 장비 업체 중 중화권 디스플레이 투자로 인해 큰 수혜를 받을 것으로 전망된다. 기존 LCD의 경우, a-Si를 주로 이용했지만, a-Si가 처리할 수 있는 기술적 한계로 인해 OLED에서는 LTPS TFT가 사용된다. 고해상도와 고사양 디스플레이를 구현하기 위해 LCD에서도 LTPS가 사용되긴 하지만, 중소형 디스플레이 시장은 LTPS OLED로의 재편을 예상하며 이 과정에서 동사의 감점인 열처리 장비를 수요 상승이 필연적이다. 이보다 큰 수혜는 flexible OLED 증성에서 비롯될 것으로 전망 된다.[38]

	Batch Furmace	PIC	RTA
적용 디스플레이	Oxide TFT LCD / OLED TV	Flexible OLED	AM-OLED & LTPS LCD
적용공정	탈수소화 도펀트 활성화 수소화 IGZO 열처리	폴라이미드 강화	선 수측 결정화 도펀트 활성화 탈수소화

비아트론 주요제품 현황

Flexible OLED를 구현하기 위해서는 추가적인 공정이 필수적인데, 이 중 하나가 PI 소재의 기판을 형성하는 PI Curing(PIC)공정이다. 자사는 PIC 장비 시장에서 높은 시장 지배력을 보유하고 있다. 일본의 열처리 장비 경쟁사들은 PIC 장비 라인업을 보유하지 않고 있기 때문에, 올해는 비아트론의 중국 고객사들이 대규모 OLED 신규투자를 할 전망이다.

---

38) 자료 : 동부증권, OLED 두 번째 봄은 시작되었다. 2017.

2.32

19.07

78.61

■ 최대주주등   ■ 자기주식   ■ 공시제외주주

비아트론이 수주 할 수 있는 라인도 56K 수준이었던 지난해에 비해 63K 까지 늘어날 것으로 추정된다.

비아트론의 주주 현황은 다음과 같다. 공시제외 주주가 78.61%로 가장 많고 그 다음에는 대표이사가 19.07%로 많고 자기주식이 2.32%로 많았다.

비아트론은 2021년 4월 전일 대비 140억원 규모 부동산을 취득하였으며 코스닥 시장에서 전 거래일 대비 400원 오른 1만 600원에 거래됐다. 비아트론은 코스닥 상장 기업으로 반도체 업종에 속해 있다. 시가총액은 1,254억원으로 코스닥 상장 기업 중 850위에 위치 해 있다.

비아트론의 투자 스타일은 모호한 측면이 있으나 가치주라고 볼 수 있다. 기업 가치 대비 낮은 주가가 매력적인 기업이다. 주가 모멘텀은 평범한 수준이었다. 최근 1개월 수익률이 -53.38%, 지난달 수익률은 -52.03%, 6개월 수익률은 -49.55를 기록했다.

한편, 하나금융투자는 비아트론에 대해 현 주가 수준은 과도한 저평가 상태로 판단된다며 매수 투자의견을 유지했다. 그러나 최근 OLED 밸류 체인 업체들의 밸류에이션 디스카운트를 반영해 목표주가를 2만3000원으로 내렸다.

비아트론은 1·4분기 매출액 805억 원의 현금성 자산을 보유하고 있다. 금융차입금은 0원으로 우량한 재무구조를 보유하고 있다는 분석이 나왔다.

투자업계 한 관계자에 따르면, 비아트론은 반도체 장비 사업의 연구 개발을 진행중이며, 내년 초 후공정 분야에서 매출 성과가 기대된다 라며 내년 하반기에는 전공정에서 상과를 보일 것이라고 전망했다.

5) AP시스템

AP시스템은 1994년 창립 이래 끊임없이 연구 개발과 사업 확장을 통하여 글로벌시장에서 강자가 되기 위해 꾸준히 발전하여 장비사업으로 LCD장비, LED장비, AM-OLED장비, 반도체 장비로의 황장을 계속해 안정적인 사업과 제품군을 갖췄다. 향후, 삼성디스플레이의 A4라인 장비 수주와 중화권에서의 대규모 신규 수주도 예상되며 성장 가능성이 기대되는 기업 중 하나이다.

AP시스템의 장비 라인업 중에서 LTPS TFT에서 사용되는 ELA장비와 OLED 공정에서 사용되는 커버 글라스 장비와 LLO는 자사의 주 제품이다. 이 중 a-Si층을 poly-Si로 결정화하여 전자의 흐름을 원활하게 해주는 OLED용 ELA장비는 AP시스템이 글로벌 리더로써 시장을 거의 독점 하고 있다. 39)

공정	적용장비	Note
TFT	ELA	a-Si막이 형성된 TFT기판에 poly-Si막을 형성
OLED	LLO(Laser Lift Off)	Glass 기판에서 PI 기판을 떼어내기 위해 사용
	Glass Encapsulation	OLED유기물 보호를 위한 유리 봉지
	TFE	ALD를 사용하여 Glass 대신 박막을 이용한 봉지

AP시스템의 주요 제품 현황

AP시스템은 2016년 APS홀딩스와 AP시스템으로 인적분할을 하였다. 장비 사업은 신설 법인이 유지할 것이기 때문에 사업가치의 변화는 없을 것으로 예상된다. 지주회사 전환을 통한 사업부문의 역량 집중과 기업가치 제고를 목적으로 중장기적 기업 경쟁력 강화가 예상된다. 분할이 완료된 이후 지주회사와 사업회사에 대한 구체적인 분석을 제시하고 한다.40)

---

39) 자료 : 동부증권, OLED 두 번째 봄은 시작되었다, 2017.
40) 자료 : 동부증권, OLED 두 번째 봄은 시작되었다, 2017.

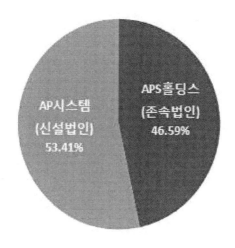

AP 시스템 기업분할

	APS홀딩스 (존속법인)	AP시스템 (신설법인)
사업영역	지주회사	디스플레이/반도체 사업
분할비율	0.4658706	0.5341294

　AP시스템의 2021년 주주 현황은 다음과 같다.
공시제외 주주가 77.6%로 가장 많았고, 그 다음 최대주주가
20.91%, 자기 주식이 1.49%이다.

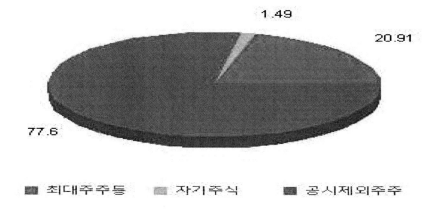

1.49

20.91

77.6

■ 최대주주등   ■ 자기주식   ■ 공시제외주주

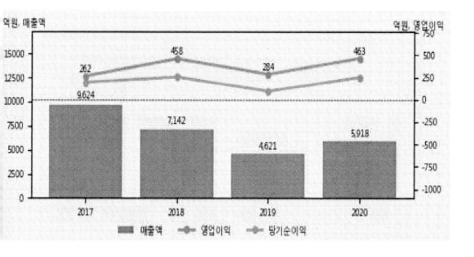

현재 AP시스템의 거래량은 최근 5거래일 거래량의 최고치를 경신하여 투자자들의 관심을 받고 있다. AP시스템은 코스닥 상장 기업으로 반도체 업종에 속해 있다. 시가총액은 5,918억 원으로 코스닥 상장기업 중 상위 17%에 소속하고 있다.[41]

6) SFA

SFA는 1998년 설립 이래, 다년간 축적된 일반물류분야에서의 국내 최다 납품실적을 바탕으로 SCM체계에 부합하는 유통물류센터와 특수 환경(GMP, HACCP, 위험물, 냉동/냉장, 전기/전자, 중량물 등)물류설비 분야로 성공적인 진입을 하였을 뿐만 아니라 그간의 기술력과 양산능력을 바탕으로 OLED 및 LCD, 반도체 제조용 첨단 크린물류분야와 LCD 원판유리 제조설비, 필름제조 및 코팅, 가공설비로 제품 다변화를 이뤘다.

또한, 끊임없는 연구개발을 통해 Mash Seam Welder를 비롯한 각종 중공업 생산설비 및 국가 첨단 전략사업인 항공우주 및 핵융합분야, 가속기 분야 등 새로운 영역으로 사업을 확대하며 지속성장의 기틀을 확립하고 있으며, OLED투자로 인한 장비 수주는 매출 성장할 기업으로 유망기업이다.

현재 주력 장비는 클린 물류 장비지만, 향후 OLED 증착기는 강력한 성장 동력이 될 것으로 전망한다. OLED 증착기

41) AP시스템 주가 상승/ 조세 금융 신문

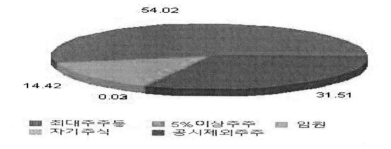

54.02

14.42

0.03

31.51

■ 최대주주등 ■ 5%이상주주 ■ 임원
■ 자기주식 ■ 공시제외주주

    납부 실적으로 시장에서 검증된 증착기 업체는 소수에 불과하다.

    SFA의 2021년 주주 현황은 다음과 같다. 디와이홀딩스가 40.98%로 가장 많았으며, 기타가 31.51%로 가장 많았고, 그 다음 외인지분이 31.51%, 삼성디스플레이 10.1%로 순으로 많았다.

    SFA의 매출액은 2016, 2017, 2018년 연이어 큰 폭의 실적 개선세를 보여왔다. 이는 2019년에도 이어졌지만 예전만 못한 수준이다. 그리고 코로나 19위기 속에 지나간 2020년은 전년 대비 실적이 하락했지만 많은 기업들이 코로나 19의 영향으로 큰 폭의 실적 감소를 보인 것에 비하면 매우 준수한 수준이다.

    투자 전문가들에 따르면, SFA반도채의 목표주가는 확인할수 없다고 전해졌다. 주가를 가치를 판단하는 지표들이 상당히 높은 수준에 있고, 업종 내 다른 기업들 보다도 고평가 되어 있다고 볼수 도 있다. 따라서 무리하게 목표 주가를 올려 잡

기보단 현재 수준의 주가를 감당할 수 있는 충분한 실적이 뒷
받침되는 것을 보고 목표주가를 상향 시켜나가는 전략이 필요
하다고 전해졌다.[42]

구분	2020/06Q	2020/09Q	2020/12Q
매출액	1,539	1,389	1,368
영업이익	83	86	100
순이익	43	48	13

SFA반도체 분기실적(단위:억원)

   7) 덕산네오룩스

 덕산네오룩스는 2014년 12월 31일 덕산하이메탈에서 인적분
할 후 신설된 회사이며 AMOLED 유기물 재료 및 반도체 공
정용 화학제품을 제조/판매하는 화학소재사업을 영위하고 있
다.

 OLED의 핵심 구성요소인 유기재료를 생산하는 회사이며
HTL과 Red Host 등을 주력 제품으로 개발 및 양산하여 공
급을 하고 있으며 지속적인 R&D를 통하여 여타 유기재료 개
발에도 주력하고 있다. 고객사와의 긴밀한 관계성 및 고순도

---

42) 'SFA반도체'주식주가 목표주가 전망깨기 /네이버

의 정제 능력을 보유하고 있으며, 고품질의 원재료 구매 능력과 높은 수율이 강점이다.[43]

덕산네오룩스는 코스닥 상장 기업으로 반도체 업종에 속해 있다. 시가총액은 1조 4,214억 원으로 코스닥 상장기업에서 하위 26%에 속해있다.

덕산네오룩스의 투자 스타일은 성장주에 가깝다. 주가 고평가 우려가 공존하지만 높은 성장성이 기대되는 기업이다. 주가 모멘텀은 좋은 편에 속했다. 올해 매출은 지난해보다 24.4% 증가한 1,794억원, 영업이익은 25.4% 늘어난 503억원을 기록할 것이 전망을 내놨다.

8) 원익IPS

원익IPS는 인적분할로 설립된 신설회사로 2016년 5월 재상장 하였으며, 분할 전 회사인 원익홀딩스가 영위하던 사업 중 반도체, Display 및 Solar 장비의 제조 사업 부문을 담당하고 있다.

반도체 기술의 발전 속도 및 반도체의 세대교체가 주기적으로 진행되므로 장비의 평균 기술 수명은 약 5년 정도이다. 동사는TFT-LCD 공정 중에 TFT-Array 공정에 Dry Etcher 장비를 주로 납품하며, TFT Backplane 공정상 필요한 Dry

---

43) 와이즈에프엔

Etcher 장비의 경우 양산장비로 납품을 진행하고 있다.44)

원익IPS의 Display Dry Etcher는 기판 위에 원하는 패턴을 형성하기 위한 핵심공정 장비다. 최근 급성장 중인 대형TV, AM-OLED/LTPS 시장 등에 적극 대응하기 위해 개발됐다. 관련 업계로부터 기술력과 신뢰성을 인정받고 있는 원익IPS는 Dry Etcher를 기반으로 AM-OLED 및 LTPS 시장과 해외 시장 진출 등 Display 업계의 주목을 받으며 제2의 성장을 위한 도약이 진행되었다.45)

	1개월	3개월	6개월	1년
수익률 (%)	-13.80	-20.47	-27.69	+17.09

2021년 원익 IPS 기간별 수익률

원익IPS는 코스닥 상장 기업으로 반도체 업종에 속해 있다. 시가총액은 1조8,587억원으로 코스닥 상장기업 중 하위 27%에 위치 해 있다. 원익IPS의 투자 스타일은 성장주에 가깝다. 주가 고평가 우려가 공존하지만 높은 성장성이 기대되는 기업이다. 주가 모멘텀은 평범한 수준이었다. 최근 1개월 수익률

44) 와이즈에프엔
45) 원익IPS, 외산 장비 독점 벗어나 장비 국산화 쾌거 이루다/SecuN

이 -13.80%, 3개월 수익률은 -20.47%, 6개월 수익률은 -27.69%를 기록했다.46)

9) 이오테크닉스

이오테크닉스는 반도체 레이저 마커, 레이저 응용기기 제조 및 판매를 주된 사업으로 한다. 1989년 4월 1일 설립되었으며, 2000년 8월 24일 코스닥시장 상장, 동사를 제외하고 23개의 계열회사가 존재한다.

동사의 핵심 사업은 레이저를 이용하여 반도체, PCB, 디스플레이 산업의 주요 생산 장비 제조 및 공급하는 사업이다. 현재 레이저 마커가 주 사업이며, 동 사업에서 축적된 노하우를 바탕으로 개발한 장비들을 공급 중이다.

레이저 마커 및 레이저 응용기기의 전체적인 시장 규모는 계속적으로 빠르게 성장하고 있으며 고객으로부터 고품질의 마킹 및 가공 능력의 요구에 따라 꾸준한 기술 개발이 진행 중이다. 멀티빔 레이저마커, 커팅 관련 응용 장비, Solar Cell 관련 장비 분야로의 지속적인 연구개발 활동 중이며 매출구성은 레이저마커 및 응용기기 79.1%, 기타 20.9% 등으로 구성되어 있다.

---

46) 원익IPS, 전일 대비 약 7% 상승한 29,350원/한국경제TV

당사는 전세계 유구의 반도체, Displaym PCB, 휴대폰 관련 고객사들의 신규개발 공정용 레이저 응용 장비에 대한 개발 요구에 대응하고 있다. 다양한 레이저 응용장비들이 개발 판매되고 있으며, 지속적인 신제품 개발이 고객사들과의 비밀 유지 계약을 통해서 이루어지고 있다.

이오테크닉스는 코스닥 상장 기업으로 반도체 업종에 속해 있다. 시가총액은 1조 2,300억원이다.

수익률 (%)	1개월	3개월	6개월	1년
	-16.54	-14.09	-18.92	+3.33

2021년 이오테크닉스 기간별 수익률

이오테크닉스의 투자 스타일은 성장주에 가깝다. 주가 고평가 우려가 공존하지만 높은 성장성이 기대되는 기업이다. 주가 모멘텀은 부진한 편이었다. 최근 6개월 수익률은 -18.92%의 하락폭을 기록했다. 최근 1개월 수익률 또한 -16.54% 하락하며 부진한 모멘텀을 이어가고 있다.[47]

---

47) 이오테크닉스, 전일 대비 약 -5% 하락한 62,100원/한국경제TV

10) 이녹스첨단소재

이녹스첨단소재는 인적분할로 설립된 신설회사로 2017년 7월 재상장 하였으며 분할 전 회사인 이녹스가 영위하던 사업 중 FPCB용 소재, 반도체 PKG용 소재, 디스플레이용 OLED소재 등의 개발, 제조 및 판매를 영위하고 있다.

FPCB등 전방기업들이 포진되어있는 국내에 세계 최대의 FPCB 소재 생산능력을 갖춘 사업장을 보유하고 있으며 과점적 인지도와 시장지배력을 바탕으로 기술적 우위와 가격 경쟁력을 보유하고 있다.

이전에 100% 수입에 의존하던 핵심소재인 반도체 PKG용 소재를 국내 기업들 중 유일하게 풀라인업을 갖추어 시장에 공급하고 있고, 반도체 PKG용 소재의 채용은 전방업체의 지정에 의해 100% 좌우되며, 동사는 LOC Tape의 전방업체인 Hynix의 사용승인을 획득하여 Hynix의 Vendor인 각 Lead Frame업체에의 공급이 가능하다. 매출구성은 FPCB용 소재 15%, 디스플레이용 OLED 소재 10%, 반도체PKG용 소재 6% 등으로 구성되어 있다.

김현수 연구원에 따르면, TV 및 모바일 시장의 OLED 침투율 상승, 폴더블 스마트폰 사정 확대, FPCB의 수요처 확대 과정에서 디스플레이 및 PCB 소재 합성 및 레진 업체들의 수혜 지속될 것으로 판단한다며 합성 및 레진 업체인 이노스첨단소재 매출은 PCB 및 방열시트 매출 비중이 50% 이상이던

최근 4년간 1년 성장과 1년 역성장을 반복해왔으나 구조적 성장 가능한 OLED 소재와 반도체 소재 매출 비중이 내년에는 각각 60%, 8%를 넘어서며 Top line의 구조적 성장이 가능할 전망이라고 내다봤다.[48]

단위:억원	2020.9Q	2020.12Q	2021.03Q	2021.06Q
매출액	1,059	854	960	1,084
영업이익	194	121	136	199
영업이익률	47.96%	7.76%	156.64%	184.69%
순이익 (지배)	124	45	111	192
순이익률	20.22%	-29.25%	107.76%	544.81%

이녹스첨단소재 최근 4분기 실적 추이

최근 이녹스첨단소재의 주가는 지난 5월부터 지속되어 온 OLED 수요 증가에 따른 호실적 전망에 상승하면서 최근에는 주 고객사의 스마트폰 판매의 호조로 주가 상승이 이어지고

---

48) 이녹스첨단소재, 구조적 성장 가능한 매출 포트폴리오로 변화/뉴스트데이

있으며, 8월 무상승자에 따른 부분도 상승의 한몫을 했다고 판단된다. 최근 수급에서는 개인이 4 거래일 연속 순매수 하였고, 기관과 외국인은 매도세를 보이고 있다. 예상 실적을 종합한 개인적인 목표가를 5만4500원으로 제시했다. [49)]

---

49) 이녹스첨단소재- 주가전망 및 실적분석 (2021년 상반기)/기업분석및전망

V.결론

Ⅴ 결론

현재 국내 디스플레이 산업은 어려움을 겪고 있다. 패널 제조사들이 적자 위기에 처한 상황이다. 그 이유는 중국의 디스플레이 기업들이 막대한 자본금으로 대규모 투자를 이어가면서 LCD(액정표시장치) 패널 판매단가가 급격하게 하락하며 실적에도 영향을 미쳤기 때문이다. 이와 같은 중국의 물량공세가 가능할 수 있었던 요인으로는 중국 정부의 지원을 꼽을 수 있다. 또한 LCD는 기술 진입 장벽이 비교적 낮다는 점도 중요한 요인으로 작용했다.

이에 국내 디스플레이 제조사들은 'OLED패널 개발'에 집중한다는 계획이다. 이미 폭락한 LCD시장에서 발을 빼는 동시에 OLED 사업 전환에 박차를 가하기 시작하였다. 업계에 따르면 현재 한국과 중국의 OLED기술 격차는 3년 이상이다.

따라서 OLED 대장주 삼성디스플레이와 LG디스플레이는 서로 앞 다투어 OLED개발에 주력하고 있다. 삼성디스플레이는 깨지지 않는 '플렉시블 OLED'를 개발하였고, LG디스플레이는 둘둘 말 수 있는 '폴더블 OLED'를 출시하기 시작하였다.

여기에 애플사가 OLED패널을 아이폰 12에 한국 업채가 생산했다. 이와 같이 스마트폰 시장에서 중소형 OLED패널은 LCD를 추격하고 있다.

하지만 국내의 OLED기술이 더욱 앞서기 위해서 필요한 것

은 결국 '정부의 역할'이다. 중국 정부는 현재 막대한 지원을 통해 디스플레이 산업을 키우고 있는 중이다. 따라서 한국 정부도 OLED 기술개발을 위한 아낌없는 지원을 보태야 국내 디스플레이 산업이 앞질러 성장할 수 있게 되는 것이다. 이에 산업 통상자원부는 신 성장 분야의 R&D 세액공제 혜택을 검토 중에 있다.

한편, OLED 관련 대장주 삼성SDI가 2021년 사상 최대 분기 매출을 기록했다. 삼성SDI는 2021년도 2분기 매출액이 3조 3300억원, 영업이익이 3,952억원으로 집계됐다. 3분기엔 2분기보다 영업이익이 더 늘어나면서 실적 개선이 지속될 전망이다.

LG디스플레이는 2021년 2분기 실적은 2분기 매출 6조 9655억원, 영업이익이 7010억원을 올렸다고 밝혔다. 전년 동기 매출은 31.3% 증가했고, 영업이익은 흑자 전환했다. 전 분기 대비 매출은 1.2%, 영업이익은 34.0% 상승했다. 1분기 실적은 시장 컨센선스인 매출 7조 275억원에는 못 미쳤지만, 영업이익 5918억원은 상회했다.

따라서 3분기 전망에서는 3분기 출하 면적은 전 분기 대비 한 자릿수 중반 퍼센트에 증가할 것이라고 전망되고 시기 계절 성수기에 진입하지만 산업 내 주요 부품 수급 이슈로 인한 변동성을 나타날 수 있다고 판단된다.

-참고 자료-

1) OLED의 현황과 전망, Polymer Science and Technology Vol. 24, No. 2/조남성

2) SACA

3) OLED 조명 기술 현황 및 전망/순천향대학교, 문대규

4) OLED 구조 및 구동 원리/ FPD 전문가 양성 세미나용, LG전자, 김광영

5) 2년 내 매출 10배 늘린다…LGD 앞길 비추는 'OLED 조명'/아시아경제

6) LG디스플레이, OLED 응용처 확대…'조명부터 자동차까지'/디지털데일리

7) 'OLED 조명'이라고 들어는 보셨나요?/ZD Net Korea

8) OLED 디스플레이 시장 현황/한국수출입은행

9) 국제 OLED EXPO 2017 사무국/디지털 타임스

10) 중국의 저가 LCD 공세에… LG "OLED에 올인"/조선비즈

11) 출현 임박 '플렉시블 OLED', 삶을 바꾼다/헤럴드경제

12) 플렉시블 OLED 패널 시대 임박/파이낸셜뉴스

13) 삼성, 안 깨지는 플렉시블OLED 개발…"응용분야 무궁무진"/위클리 오늘

14) 삼성디스플레이, 중소형 OLED 95.4% 장악…"내년 LCD 앞질러"/조선비즈

15) 전장사업 숨은 보석된 '삼성SDI'/한국경제TV

16) 삼성디스플레이미래성장 동력 '차량용 OLED' 대거 전시/파이낸셜뉴스

17) LG화학 OLED조명사업부, LG디스플레이로 통합…시너지 효과 기대/etnews

18) LG디스플레이도 폴더블 패널 만든다…내년 생산 '도전'/etnews

19) LCD값 폭락에 적자 커진 LGD "대형 OLED 집중"/dongA

20) LG디스플레이 내년 OLED 1천만대 공급/ 아이뉴스

21) 재팬디스플레이, 삼성 아몰레드에 도전장…일본 첫 OLED 양산 위해 1000억 엔 증자 /이투데이

22) OLED 앞세운 일본TV, 화려한 부활 노린다/디지털타임스

23 日 신소재 업체들, 플렉서블 OLED 사냥 나선다/이투데이

24) LCD 삼킨 中 디스플레이, 이제 OLED로/아이24뉴스

25) 중국 OLED, 삼성 추격…비저녹스·BOE, 중소형 OLED 양산 착수/뉴스핌

26) 폭스콘/ 나무위키

27) 독보적인 OLED 특허 보유기업, 미국 '유니버셜 디스플레이'/한국경제TV

28) 필립스 OLED TV 국내 상륙…LG디스플레이 '미소'/디지털데일리

29) '삼성·LG 점찍은' 독일 OLED 소재기업, 신물질 공개/글로벌이코노믹

30) 지금은 OLED 스마트폰 전성시대 / 삼성디스플레이 뉴스룸

31) OLED에 걸린 한국디스플레이 운명/시사위크

32) LG디스플레이 실적은 역대급인데 주가는 걸음마… 왜?/FETV

33) 동부증권, OLED 장비, 2017

34) OLED 두 번째 봄은 시작되었다. 2017/동부증권

35) AP시스템, 주가상승 / 조세 금융 신문

36) 'SFA반도체 주식주가 목표주가 전망깨기/ 네이버

37) 와이즈에프엔

38) 덕산네오룩스, 증권사 목표상향 강세 / 매일경제

39) 원익IPS, 외산 장비 독점 벗어나 장비 국산화 쾌거 이루다 /SecuN

40) 원익IPS, 전일 대비 약 7% 상승한 29,350원/한국경제TV

41) 이오테크닉스, 전일 대비 약 -5% 하락한 62,100원/한국경제
TV
42) 이녹스첨단소재, 구조적 성장 가능한 매출 포트폴리오로 변화/
뉴스트데이
43) 이녹스첨단소재- 주가전망 및 실적분석 (2021년 상반기)/기업
분석및전망

초판 1쇄 인쇄 2017년 5월 1일
초판 1쇄 발행 2017년 5월 12일
개정판 발행 2021년 11월 8일

편저 ㈜비피기술거래
펴낸곳 비티타임즈
발행자번호 959406
주소 전북 전주시 서신동 832번지 4층
대표전화 063 277 3557
팩스 063 277 3558
이메일 bpj3558@naver.com
ISBN 979-11-6345-319-2 (13320)
가격 22,000원

이 도서의 국립중앙도서관 출판예정도서목록(CIP)은 서지정보유통지원시스
템 홈페이지(http://seoji.nl.go.kr)와 국가자료공동목록시스템
(http://www.nl.go.kr/kolisnet)에서 이용하실 수 있습니다.